Martin Repohl

Tschernobyl als Weltkatastrophe: Weltbeziehung in einer kontaminierten Welt

Martin Repohl

Tschernobyl als Weltkatastrophe: Weltbeziehung in einer kontaminierten Welt

Ein Beitrag zur materiellen Fundierung der Resonanztheorie

Mit einem Geleitwort von Hartmut Rosa und Jörg Oberthür

Tectum Verlag

Martin Repohl

Tschernobyl als Weltkatastrophe: Weltbeziehung in einer kontaminierten Welt. Ein Beitrag zur materiellen Fundierung der Resonanztheorie

ISBN: 978-3-8288-4289-2
E-Book: 978-3-8288-7199-1

Umschlagabbildung: shutterstock.com, Nr. 710818957 © romm

Printed in Germany

Besuchen Sie uns im Internet
www.tectum-verlag.de

Bibliografische Informationen der Deutschen Nationalbibliothek
Die Deutsche Nationalbibliothek verzeichnet diese Publikation in der Deutschen Nationalbibliografie; detaillierte bibliografische Angaben sind im Internet über http://dnb.d-nb.de abrufbar.

Für Svenja, meine Freundin und stete Diskussionspartnerin, deren Vertrauen diese Arbeit erst ermöglicht hat.

Inhaltsverzeichnis

Zum Geleit

Wie und warum kann man aus der Position gesellschaftstheoretischer Beobachtung und Gegenwartsanalyse über ein *Katastrophenereignis* schreiben, dessen Analysen und Bewertungen längst ganze Bücherregale füllen und das, wie sich vermuten ließe, allmählich zum Gegenstand für die eher historische Betrachtung wird?

Die Reaktorkatastrophe von Tschernobyl ist auf den ersten Blick ein solches Ereignis. Wer das ‚Glück' hatte, sie nur aus der Ferne zu erleben, sich aber gleichzeitig noch an Fernsehbilder des zerborstenen Atommeilers und an Nachrichten über ganze Zugladungen verstrahlter Molke erinnern kann – oder auch an das bedrückende Gefühl bei jedem neuen Regen im Frühling des Jahres 1986, wird mit Tschernobyl wohl auch bleibende biografische Erfahrungen verbinden. Fragt man heute jedoch sogar in einem universitären Seminar danach, warum das Zusammentreffen der Veröffentlichung von Ulrich Becks „Risiko-Gesellschaft" und von Niklas Luhmanns Buch über „Ökologische Kommunikation" im selben Jahr ein für die breite Öffentlichkeit notables Ereignis war, wird man keineswegs selbstverständlich mit entsprechenden Querverweisen rechnen können. Tschernobyl ist zum Sinnbild und zum Menetekel für die Risiken der zivilen Nutzung von Kernenergie geworden, aber es ist in dieser Hinsicht scheinbar auch in Begriff kulturell ‚verarbeitet' zu werden – und sieben Jahre ‚nach Fukushima' gilt dies womöglich umso mehr.

Dass dies allerdings ein Trugschluss sein könnte und man in Anlehnung an Charles Perrow von der ‚Normalität' solcher Katastrophen eher im Sinne des dauerhaften Verlustes existenzieller Sicherheit in der späten Moderne sprechen müsste, bringt eine Headline der Online-Ausgabe der New York Times vom Sommer 2018 zum Ausdruck. Darin heißt es, dass auch Jahrzehnte später und ‚weit weg' die Katastrophe von Tschernobyl noch immer die Milch verstrahlt (Im Original: Decades Later and Far Away, Chernobyl Disaster Still Contaminates Milk).

Um die Ausgangsfrage zu beantworten: Martin Repohls Arbeit setzt dort ein, wo die fundamentale Zerrüttung von ‚Weltbeziehungen', so wie sie von den Betroffenen vor Ort erfahren wurde und noch immer wird, in den Diskursen über ‚Risiken' technologisch verursachter Umweltkatastrophen nach wie vor keine ausreichende Berücksichtigung erfährt. Ziel seiner Untersuchung ist es, darzustellen und zu erklären, wie durch den radioaktiven ‚Störfall' die Welt in ihren nicht nur verstehbaren und deutbaren, mithin ihren ‚verfügbaren', Aspekten, sondern auch auf der Ebene ihrer materiellen Verfasstheit, so grundlegend verändert wurde, dass sie seither für immer anders bzw. für die Betroffenen verloren ist. Die Auseinandersetzung des Autors mit Tschernobyl schließt hierbei an die literarische Arbeit der Nobelpreisträgerin Swetlana Alexijewitsch und deren in deutscher Übersetzung als „Tschernobyl: Eine Chronik der Zukunft" erschienene Bearbeitung von Erlebnisschilderungen und Zeugenaussagen an. Repohl geht es hierbei darum, eine leiblich-affektuelle Erfahrungsschicht, die sich in der literarischen Interpretation bereits zeigt, den üblichen Kategorien sozialwissenschaftlicher Reflexion jedoch entgeht, theoretisch nachvollziehbar zu machen und darin die Reaktorkatastrophe noch einmal – diesmal aber als ‚Weltkatastrophe' – zu rekonstruieren.

Das Vorhaben ist insofern auch darauf angelegt, zu einem generell besseren Verständnis der Art und Weise beizutragen, in der menschliche Subjekte im Sinne von ‚Weltbeziehungen' mit ihrer natürlichen Umwelt vermittelt sind und in der sie diese entweder als ‚Resonanzraum' oder als bedrohlichen, repulsiven Ort permanenter Entfremdung erfahren.

Im Ergebnis zeigt Martin Repohl auf der Grundlage einer eingehenden Beschäftigung mit bestehenden theoretischen Deutungsangeboten und empirischen Beobachtungen, dass die Erfahrung ‚verstrahlter' Umwelten tatsächlich nicht nur als zu bearbeitende Risikolage, sondern als dramatischer Weltverlust begriffen werden muss. Welt, die nicht mehr anverwandelt werden kann, weil sie in ihrer materiellen Beschaffenheit dauerhaft ‚toxisch' geworden ist, entzieht sich in ihrem Charakter als dialogisch antwortender Gegenpart und die Folgen dieses Verlustes greifen tief auch in die Konstitution individueller und kollektiver Lebensgefühle und Selbstverhältnisse ein. Der Versuch, die Materie bis in ihre nuklearen Bestandteile hinein verfügbar zu machen, führt dazu, Unverfügbarkeit geradezu als Monster zurückkehren zu lassen.

Im Sinne eines Ausblicks wird schließlich aber auch aufgezeigt, dass die Suche nach ‚Resonanz' als menschliche Grundkonstante selbst unter den Bedingungen der Katastrophe und ihrer Folgen weitergeht, ihre Realisierung sich nun aber als Mit-Leiden mit dem beschädigten Anderen der Natur vollzieht, wodurch letztlich auch ein Plädoyer für das kritische Hinterfragen anthropozentrischer Subjekt-Objektvorstellungen formuliert wird.

Martin Repohl ist es damit gelungen einen innovativen und im Denkansatz radikal anderen Beitrag nicht nur zur Debatte über die gesellschaftliche Wahrnehmung von ökologischen Risiken, sondern auch zur Kritik von Weltbeziehungen in der Moderne überhaupt, zu leisten. Die hohe Relevanz dieses unbedingt lesenswerten Buches ergibt sich damit über den konkreten thematischen Bezug hinaus aus der Warnung vor der Illusion grenzenloser Verfügbarkeit.

Jena, im Dezember 2018

Hartmut Rosa & Jörg Oberthür

1. Einleitung

1.1. Hinführung: Die existenziellen Folgen der Atomkatastrophe von Tschernobyl als Leerstelle der soziologischen Theorie

> „[…] ich sehe Tschernobyl als den Beginn einer neuen Geschichte, es ist nicht nur Wissen, sondern auch Vorwissen, denn seitdem ist der Mensch im Widerstreit mit seinen früheren Vorstellungen von sich und von der Welt. Wenn wir von Vergangenheit oder Zukunft sprechen, dann stützen wir uns dabei auf unsere Vorstellungen von Zeit, Tschernobyl aber ist vor allem eine Katastrophe der Zeit. Die radioaktiven Teilchen, die über unsere Erde verstreut wurden, halten sich fünfzig, hundert, zweihundert Jahre … Und mehr … Aus der Perspektive eines Menschenlebens sind sie ewig. Was also können wir begreifen? Steht es in unserer Macht, aus diesem uns noch unbekannten Grauen einen Sinn zu schöpfen und zu erkennen?" (Alexijewitsch 2015: 39)

Was geschah in Tschernobyl? Über zweiunddreißig Jahre nach der verheerenden Atomkatastrophe im Atomkraftwerk von Tschernobyl mutet diese Frage zunächst merkwürdig an, war dieses Ereignis doch jahrzehntelang Gegenstand einer umfassenden medizinischen Forschung, Teil einer weltweiten Debatte über Nutzen und Gefahr der Kernkraft sowie Auslöser vielfältiger politischer Entwicklungen und gesellschaftlicher Bewegungen. Während Tschernobyl seinen Platz in der Geschichte eingenommen zu haben scheint, haben sich die gesellschaftlichen und soziologischen Debatten längst weiterentwickelt. Die Atomkatastrophe ist hier nur noch ein Referenzpunkt einer als längst überwunden erachteten gesellschaftlichen Situation, während heute doch gänzlich andere Probleme die Aufmerksamkeit erfordern. Und doch schreibt die Historikerin Melanie Arndt mit Blick auf den dreißigsten Jahrestag der Atomkatastrophe: „Warum wissen wir immer noch so wenig?" (Arndt 2016: 5).

Gemeint ist damit nicht nur die noch immer andauernde Diskussion über das exakte Ausmaß der Strahlenexposition und der damit verbundenen Anzahl der Opfer, sondern vielmehr auch die Frage, zu welchen Brüchen dieses Ereignis in den Biografien der Betroffenen geführt hat (vgl. ebd.: 5-6, 8). Hinzufügen lässt sich mit den Worten der Schriftstellerin Swetlana Alexijewitsch, dass diese bisherige – und zweifelsohne umfangreiche – Diskussion zu Tschernobyl noch immer eine Verkürzung der *eigentlichen Dimension* dieses Ereignisses darstellt, denn: „Tschernobyl wird im Grunde reduziert auf medizinische und politische Fragen. Die sind ausreichend behandelt worden. Was jedoch meiner Ansicht nach fehlt, ist die philosophische Dimension. Wir müssen Tschernobyl begreifen als etwas, was uns in der Zukunft bedroht" (Jaeggi 2011: 209). Wie das Eingangszitat verdeutlicht, scheint die Katastrophe über eine fundamentale *existenzielle Dimension* zu verfügen, von der sich laut Alexijewitsch die Frage stellt, ob sie überhaupt einem Verstehen zugänglich ist. Vertiefen lässt sich dieser Aspekt mit einer Äußerung des Philosophen Paul Virilio im Gespräch mit Alexijewitsch: „Das, was 1986 geschah, ist ein vollkommen atypisches Ereignis. Ich werde es nie vergessen" (Alexijewitsch/Virilio 2003: 11). Alexijewitsch, selbst Zeugin der Katastrophe und als Literaturnobelpreisträgerin die wohl wichtigste Chronistin der Ereignisse, ergänzt: „Die Menschen fühlten sich wie auf dem Mars: Alles war wie vorher, und trotzdem hatte sich die Welt total verändert" (ebd.). Diese Äußerung fasst die *eigentliche* Charakteristik der Katastrophe so präzise wie kryptisch zusammen und eröffnet damit den Blick auf das Thema der vorliegenden Arbeit, welche diese philosophische Dimension als *Veränderung der Welt durch die radioaktive Kontamination* der soziologischen Theoriebildung zugänglich machen möchte. Bevor dieses Thema jedoch umfassend erläutert werden kann, ist eine weitere Präzisierung dessen notwendig, was konkret untersucht werden soll.

Hierzu eignet sich eine Fotografie des russischen Pressefotografen Igor Kostin in besonderer Weise. Kostin dokumentierte die Atomkatastrophe und ihre Folgen über viele Jahre hinweg und schuf ausdrucksstarke Fotografien wie die folgende:

„Ein botanisches Experiment, Sommer 1986" (Kostin 2006: 146-147).

Was ist nun genau auf dieser Fotografie zu sehen? Auf den ersten Blick befinden sich zwei Personen auf einem Feld, ausgestattet mit Schutzanzügen und Messgeräten, um Messungen durchzuführen. Doch weder das Objekt ihrer Messung, noch der Anlass ihrer Schutzvorkehrungen ist auf diesem Motiv einer scheinbar normalen Landschaft für den Betrachter erkennbar. Und genau in diesem Aspekt liegt die eigentliche Tragweite der Katastrophe verborgen. So schreibt der Soziologe Ulrich Beck noch ganz unter dem Eindruck der Katastrophe im August 1986 von einer „Verdoppelung der Welt": „Wir sehen, hören weiter, aber die Normalität unserer sinnlichen Wahrnehmung täuscht: Vor dieser Gefahr versagen unsere Sinne" (Beck 1986a: 653). Gemeint ist das besondere Wesen der radioaktiven Strahlung: Zum einen hochgradig toxisch, aber zum anderen ebenso unsichtbar und nur durch spezielle Messgeräte wahrnehmbar – wodurch das sonderbare Arrangement der Aufnahme überhaupt erst verstehbar wird. Beck präzisiert:

> „Was beides meint: die Unfasslichkeit einer für unsere Sinne unveränderten Welt und die hinter den Dingen steckende, unserem Blick, unserer ganzen Aufmerksamkeit verschlossene Verseuchung und Gefahr. Mit dem Atomzeitalter entsteht eine Verdoppelung der Welt. Die Welt hinter der Welt, die uns unvorstellbar bedroht, bleibt unseren Sinnen ein für allemal unzugänglich" (ebd.).

Tschernobyl wird damit nicht nur zum Synonym für die größte technologische Katastrophe in der Geschichte der Menschheit, sondern vor allem zur Ursache der Entstehung einer unsichtbaren und gleichermaßen toxischen Welt im Hintergrund einer scheinbar unveränderten Umgebung – und damit zu einem *existenziellen Problem*. Es ist diese Verdoppelung, die das Ereignis so atypisch macht, weil es das moderne Weltbild grundlegend infrage stellt (vgl. Alexijewitsch/Virilio 2003: 11) und – wie bereits Arndt und Alexijewitsch betonen – in seiner ganzen sozialen und existenziellen Tragweite bis heute nicht verstanden wurde:

> „Es ist, als ob sich der radioaktive Fallout mit seinen unsichtbaren Cäsium-, Strontium- und Plutoniumnukliden sehr rasch im Unterbewusstsein unserer Zeit, der Moderne, abgelagert hat. Was davon noch auftaucht und direkt sichtbar wird, ist nur ein kleiner Teil dessen, was als unsichtbarer Ballast unter der Oberfläche einer Realität bleibt, in der man sich weigert, den hohen Preis bewusst anzuerkennen, den mehrere Generationen mit ihren verschlechterten Lebensbedingungen zahlen. *Gerade deshalb müssen wir uns für die Geschichte der Menschen in den kontaminierten Gebieten interessieren. Ihre Lebensläufe sind Teil einer lebendigen Realität* [Herv. d. A.]“ (Pena-Vega 2011: 71).

Diese radioaktive Kontamination ist bis heute Teil einer lebendigen Realität und übt einen erheblichen Einfluss auf das Leben der Betroffenen aus. Aus dieser Perspektive lässt sich nun das Thema der vorliegenden Untersuchung eröffnen: Denn der alles entscheidende Aspekt der sich hier im Anschluss an die von Beck konstatierte Verdoppelung der Welt – nahezu zwangsläufig – ergibt, ist die Frage, wie diese Verdoppelung der Welt das *in-der-Welt-Sein* der Betroffenen beeinflusst und verändert (vgl. Beck 1988: 78). Denn klammert man alle bisherigen Diskussionsaspekte – die laut Alexijewitsch ausreichend behandelt worden seien – aus, so bleibt ein wesentlicher Aspekt zurück, der den Blick darauf eröffnet, dass es sich bei der Atomkatastrophe und ihren Folgen um ein genuin *existenzielles Problem* handelt, dessen angemessene soziologische und sozialphilosophische Aufarbeitung ein eigenständiges begrifflich-analytisches Instrumentarium erfordert. Der Ansatz der Arbeit folgt dabei der Überzeugung, dass es gerade die Soziologie der Weltbeziehung ist (vgl. Rosa 2016), deren Terminologie dieser komplexen Problemstellung gewachsen ist. Die vorliegende Untersuchung möchte deshalb danach fragen, wie sich soziale Weltbeziehungen verändern, wenn sich Welt als erfahrbare Entität selbst verändert und aufzeigen, welche Auswirkungen dies auf das Weltverhältnis der Betroffenen hat – *was passiert also, wenn Welt für Subjekte nicht mehr erreichbar ist?* Die Arbeit versteht sich damit als Beitrag zur Klärung dieser noch immer unbekannten und unerforschten Folgen der Atomkatastrophe von Tschernobyl.

1.2. Thema: Forschungsfrage und These der Untersuchung

Die Arbeit geht von der Prämisse aus, dass dieser sozialphilosophische Aspekt der Atomkatastrophe, speziell aus der Theorieperspektive der Soziologie der Weltbeziehung (Rosa 2012, 2016, 2017) erschlossen werden kann und dass das begriffliche Instrumentarium dieser Theorie in besonderer Weise dazu prädestiniert ist, diese noch kaum betrachtete Dimension des Ereignisses zu analysieren. Dieser Ansatz versteht sich damit als Antwort auf eine doppelte Problemstellung: zum einen die bereits erläuterte *Verdoppelung der Welt* als soziologisches Problem, zum anderen wird aber gerade dieses Fallbeispiel ausgewählt, um auf ein konzeptionelles Problem in der Soziologie der Weltbeziehung zu reagieren. Dieses lässt sich folgendermaßen zusammenfassen:

> „Bestimmt man Resonanz dergestalt als einen spezifischen Beziehungsmodus, das heißt als eine spezifische Art des *Auf-die-Welt-Bezogenseins*, welche diese Welt beziehungsweise das entsprechende Weltsegment als responsiv erfährt, so wirft dies die schwerwiegende Frage auf, in welcher Weise dieser Modus tatsächlich ‚bidirektional' ist, das heißt, inwieweit *die Welt* […] *wirklich antwortet*" (Rosa 2016: 289).

Wenn eine Resonanzbeziehung (als Modus einer gelingenden Weltbeziehung) tatsächlich ein bidirektionales Beziehungsgeschehen sein soll und nicht nur Ergebnis einer subjektiven Deutungszuschreibung, dann ist es notwendig, die Möglichkeit von Weltbeziehung ebenso vom Objekt, das heißt vom *Welt-Pol* aus zu denken und zu konzeptionieren, wie vom Subjekt aus[1]. Notwendig dafür ist es, die *Welt* nicht nur als passiven Gegenstand subjektiver Deutungszuschreibung zu verstehen, sondern vielmehr als das konkrete, materielle und erfahrbare Gegenüber einer subjektiven Weltbeziehung.

Ziel der Arbeit ist es, anhand dieser konkreten Fallstudie aufzuzeigen, dass sich Weltbeziehungen auch dann verändern können, wenn sich Welt selbst verändert – und zwar unabhängig von bisherigen subjektiven Deutungszuschreibungen. Mit diesem Vorgehen soll *nicht* die damit implizit behauptete Resonanzfähigkeit der Welt erklärt werden, sondern zunächst anhand eines negativen Zusammenhangs verdeutlicht werden, dass Resonanz verloren gehen kann, wenn sich Welt selbst verändert, um im Umkehrschluss das Argument zu entwickeln, dass Weltbeziehungen und speziell Resonanz auch materiell fundiert sind. Wie die Zitate von Alexijewitsch und Virilio verdeutlichen, wird die Atomkatastrophe von Tschernobyl dabei als ein möglichst drastisches Fallbeispiel ausge-

1 Die Arbeit geht dabei von der Prämisse aus, dass hierfür keine konkrete Konzeption des Ding-an-sich notwendig ist, sondern diese Konzeption auf der Ebene der konkreten Erfahrung möglich ist (vgl. Rosa 2016: 289).

wählt, da hier der behauptete Argumentationszusammenhang besonders prägnant nachvollzogen werden kann. Die Arbeit folgt dabei der Überzeugung, dass eine Lösung sowohl für das Problem der theoretischen Konzeption von materieller Welt in der Soziologie der Weltbeziehung, als auch für das sozialphilosophische bzw. soziologische Problem der radioaktiven Kontamination, nur möglich ist, wenn beide Probleme in produktive Weise aufeinander bezogen werden.

Im Kontext der Katastrophe von Tschernobyl bedeutet diese Aufgabenstellung konkret:

> „Es geht darum, in den kontaminierten Gebieten eine soziale Realität sichtbar und deutbar zu machen, in der die Menschen mit etwas vollkommen Unbekanntem konfrontiert sind, dass sie nicht verstehen, und daher ein Gefühl von Ausweglosigkeit verspüren. Es geht um Menschen, die ihr Leben für sinnlos halten oder ein Leben in einer Welt für inakzeptabel halten, die ihnen keinen Platz mehr zum Leben lässt“ (Pena-Vega 2011: 73).

Ziel der Arbeit ist es, diese existenzielle Dimension von Tschernobyl der soziologischen Theoriebildung zugänglich zu machen und anhand dieses Extrembeispiels von *materiellem Weltverlust* den Sinn der Frage aufzuzeigen, welchen Anteil die Materialität der Welt am Resonanzgeschehen hat. Es soll daher zunächst beschrieben werden, *dass* die Resonanzqualität der materiellen Welt blockiert, beschädigt oder zerstört werden kann, um im Umkehrschluss das Argument zu begründen, dass Resonanz auch materiell fundiert ist. Hierzu ist die Grundfrage, was eine Atomkatastrophe aus soziologischer und sozialphilosophischer Perspektive überhaupt ist, hervorragend geeignet, da die Drastik des Beispiels eine anschauliche und empirisch fundierte Erörterung erlaubt und sich zugleich auch auf weitere Beispiele im Kontext der Debatte um die ökologischen Krise und dem Anthropozän übertragen lässt.

Folgende Fragestellung steht im Zentrum der Untersuchung: *Wie beeinflusst die durch die Katastrophe verursachte radioaktive Kontamination die Möglichkeit von Weltbeziehung und Resonanz? Wird die Beziehungsfähigkeit von Welt dadurch beeinträchtigt und welchen Einfluss hat dies auf die Weltbeziehung von Betroffenen?*

Es wird von der Prämisse ausgegangen, dass Weltbeziehung und Resonanz qua ihrer Definition über einen materiellen Anteil verfügen. Im Anschluss daran wird die These formuliert, dass mit der radioaktiven Kontamination eine Transformation der Welt einsetzt, die als *materieller Weltverlust* beschrieben werden kann: Mit der Kontamination wird die Beziehungsqualität von Welt als solche beeinträchtigt. Subjekte sind dadurch nicht mehr in der Lage, eine gelingende Beziehung zu dieser transformierten Welt aufzubauen bzw. diese im Rahmen eines gelingenden Beziehungsgeschehens zu erreichen, wodurch mit der radioaktiven

Kontamination auch Resonanzqualität verloren geht. Und damit geht Welt letztlich selbst verloren. Im Zentrum der Arbeit steht die These, dass die Folgen des Super-GAUs[2] in der Erfahrung eines totalen Beziehungsverlustes zur materiellen Welt kulminieren und solche beschrieben werden können.

Diese Untersuchung ist aus mehreren Gründen von besonderer wissenschaftlicher Relevanz. Zum einen durch die bisher fehlende sozialphilosophische Perspektive auf Tschernobyl, zum anderen durch die erläuterte konzeptionelle Leerstelle in der Soziologie der Weltbeziehung. Beide Problemstellungen lassen sich dabei im Kontext der aktuellen soziologischen Theoriebildung verorten, zu deren Hauptproblemen die Einbeziehung des Materiellen in die soziologische Theorie gehört. Auch hier kann Tschernobyl bzw. Radioaktivität als Referenzpunkt dienen:

> „Es stellt sich die Frage, ob und inwieweit soziologische Kernparadigma angesichts dieser Herausforderung einer potentiell gerade nicht beherrschbaren und zudem potentiell anthropogen veränderten Materialität einer Erweiterung ihrer Blickrichtung bedürfen" (Henkel 2017: 280).

Insbesondere aus kritischer Perspektive eignet sich die Soziologie der Weltbeziehung besonders, um Materialität auch sozial- und gesellschaftstheoretisch zu erschließen (vgl. ebd.: 281). Das heißt, wenn im Rahmen der hier durchgeführten Fallstudie der Anteil von Materialität an Weltbeziehung exemplarisch diskutiert werden kann, wird damit auch die Grundlage dafür geschaffen, die in diesem Kontext entwickelten Argumentationsfiguren und Zusammenhänge als Ausgangspunkt dafür zu verwenden, das Verhältnis von Materialität, Gesellschaft und Weltbeziehung systematisch erschließen zu können. Gesellschaftstheoretische Relevanz erhält dieses Thema zusätzlich durch die Frage nach der gesellschaftlichen Hervorbringung von Giftstoffen und ihren Auswirkungen, wie sie bisher vor allem in der Risikosoziologie diskutiert wurde (vgl. Beck 1896b, 1988). Aber auch, wie die Existenz dieser Substanzen die gesellschaftlichen Konzepte von Raum und Zeit infrage stellt (vgl. Adam 1998). Auch hier ist danach zu fragen, inwieweit die Produktion und Verteilung von Giftstoffen (wie z.B. von Radionukliden) in Zusam-

2 Die Abkürzung GAU steht für „größter anzunehmender Unfall". In der kerntechnischen Terminologie beschreibt ein solches Ereignis einen maximal noch beherrschbaren Störfall in einer kerntechnischen Anlage. Der Begriff *Super-GAU* ist hingegen ein umgangssprachlicher Pleonasmus, welcher als Steigerung des GAU einen maximalen und nicht mehr beherrschbaren Störfall beschreibt. Dieser bedeutet letztlich die Zerstörung der Anlage und die Freisetzung großer Mengen an Radioaktivität. Beide Begriffe werden häufig synonym verwendet und sind stark mit Angst, Hilfslosigkeit und Endgültigkeit konnotiert (vgl. Radkau 2014: 50-60).

menhang mit einer spezifischen gesellschaftlichen Welthaltung steht (vgl. Rosa 2012: 404).

1.3. Vorgehensweise: Die weltbeziehungstheoretische Analyse von Zeugenaussagen und die argumentative Gliederung der Untersuchung

Das Thema dieser Arbeit baut auf einem breiten Forschungsstand auf, welcher sich in zwei Dimensionen aufteilt: So gibt es in der *horizontalen Dimension* seit den ersten Atombombenversuchen eine fortlaufende Beschäftigung mit dem *Atom* in den Sozialwissenschaften. Dieses wurde bisher unter militärisch-politischen, protestsoziologischen sowie technik- und risikosoziologischen Perspektiven thematisiert (vgl. u.a. Ogburn 1946; Finsterbusch 1988; Beck 1986b, 1988). Hier sind insbesondere auch katastrophensoziologische Aspekte relevant (vgl. Freudenburg 1997). Beispielhaft für die kernkraftkritische Perspektive sozialer Bewegung sei hier das Standardwerk von Holger Strohm *Friedlich in die Katastrophe* (1981) genannt. In jüngster Zeit erfährt diese Thematik eine erneute Konjunktur, sowohl in der politisch-historischen[3] als auch in der ethnografischen Forschung. Vor allem die ethnografische Erschließung radioaktiver Lebenswelten ist besonders interessant (Petryna 1995 und 2013; Masco 2004; Brown 2015). Hier gibt es eine enge thematische Überschneidung mit weiteren ethnografischen Untersuchungen zum Thema Leben mit chemischer Kontamination bzw. in postindustriellen Landschaften sowie dem gegenwärtigen Anthropozän-Diskurs (vgl. Storm 2014; Lerner 2012; Tsing et al. 2017; Tsing 2018; Renn/Scherer 2015).

Quer dazu lässt sich eine *vertikale Dimension* beschreiben, in welcher vor allem jüngste Entwicklungen der soziologischen Theorie- und Paradigmenbildung zusammengefasst werden können. In dieser Dimension sind insbesondere die Soziologie der Weltbeziehung (vgl. Rosa 2012, 2016; Peters/Schulz 2017; Block 2016) sowie die breite und äußerst heterogene Diskussion um Materialität und einen *New Materialism* in den Sozialwissenschaften (vgl. Henkel 2017; Coole 2014) hervorzuheben. Gerade hier findet die Bedeutung von Radioaktivität erneute Aufmerksamkeit (vgl. Folkers 2015) und wird auf innovative Weise neu thematisiert (vgl. Morton 2013; Polleri 2015). In der Zusammenschau ergibt sich aus den thematischen Überschneidungen eine Vielzahl von Synergien, auf denen die Theoriebildung dieser Arbeit aufbaut. Hier ist insbesondere die theoretische Anschlussfähigkeit jüngerer ethnografi-

3 Da diese Perspektive nicht Bestandteil der Arbeit ist, vergleiche hierzu beispielsweise Dalhouski 2015.

scher Studien zum Thema radioaktive Kontamination und der Soziologie der Weltbeziehung hervorzuheben.

Da die hier entwickelte Position nicht nur rein theoretisch diskutiert, sondern auch empirisch fundiert werden soll, ist es notwendig einen Zugang zum Thema zu entwickeln, welcher in der Lage ist, den beschriebenen Argumentationszusammenhang auch empirisch zu untermauern. Da aus zeit- und forschungspraktischen Gründen keine eigenen Erhebungen im Feld möglich sind, wird ein qualitativer Zugang gewählt, welcher sich auf bereits vorliegende Analysen und Interpretationen stützt. So wird eine strukturierte qualitative Inhaltsanalyse (Kuckartz 2014; Mayring 2015) von ausgewählten Zeugenaussagen und -dokumentationen durchgeführt, da entlang der oben beschriebenen existenziellen Dimension dieser Katastrophe der Annahme gefolgt wird, dass „[...] die sorgfältige Analyse der Reaktionen auf Tschernobyl ‚grundlagentheoretische' Bedeutung" hat (Clemenz 1989: 77). Um einen empirischen Zugang zu dieser existenziellen Dimension zu erhalten, ist es erforderlich, die individuellen Erfahrungen der Betroffenen im Kontext der gesamten Tragweite der Katastrophe zu betrachten:

> „Um die soziale Realität der Menschen in den kontaminierten Gebieten zu verstehen, gilt es, jedes Individuum in Bezug zu der kollektiven Tragödie zu setzen und diese beiden Dimensionen als einen Resonanzraum zu begreifen, in dem die Grenzen zwischen individuellem und kollektiven Bewusstsein gesprengt werden" (Pena-Vega 2011: 73).

Diese Betrachtung individueller Erfahrungen und Äußerungen kann einen Zugang zur weltbeziehungstheoretischen Dimension der Katastrophe eröffnen. Anhand eines aus der Theoriebildung der Arbeit entwickelten Kategoriensets sollen sowohl der veränderte Weltbezug als auch die darauf aufbauende Selbst-Welt-Beziehung der Betroffenen analytisch nachvollzogen werden. Den Analysemaßstab bildet dabei die Frage, wie die ausgewählten Zeugenberichte den subjektiven Bezug zur materiellen Welt thematisieren und inwieweit hier Unsicherheit und Verlust anhand materieller Qualitäten (wie auch der Radioaktivität selbst) thematisiert werden. Da es sich hier um subjektive Eindrücke und Wahrnehmungen handelt, werden ausgewählte dokumentarische Berichte und Erzählungen sowie lyrische Verarbeitungen herangezogen, da davon ausgegangen wird, dass diese literarischen Textgattungen in besonderer Weise fähig sind, Weltbeziehung zu verkörpern und zu transportieren (vgl. Rosa 2012: 385-392).

Im Zentrum der Analyse steht dabei das Werk der weißrussischen Literaturnobelpreisträgerin Swetlana Alexijewitsch *Tschernobyl – Eine Chronik der Zukunft* (2015). Es handelt sich hierbei um die wichtigste Dokumentation von individuellen Schicksalen und Erfahrungen der

Atomkatastrophe von Tschernobyl und ist besonders geeignet, um darin enthaltene Aussagen über die Veränderung von Weltbeziehung zu analysieren. Untermauert wird diese Analyse mit einer theoretischen Verortung des Schreibens von Alexijewitsch (vgl.; Günther 2018; Karpusheva 2017; Marchesini 2017; Zink 2011, 2018). Um die Validität der Analyse zu steigern und ein größeres Spektrum an Erfahrungen abbilden zu können, wird die Analyse von Alexijewitschs Text mit einer Auswahl weiterer dokumentarischer Texte ergänzt (u.a. Böseke/Wagner 1987; Jaeggi 2011; Pjatrovič 2011), die zusammen den Korpus dieser Analyse bilden. Ziel dieser Inhaltsanalyse ist es jedoch nicht, eine umfassende und tiefgreifende linguistische Analyse der Zeugenaussagen vorzulegen, sondern vielmehr anhand einer theoretisch fundierten, kategorienbasierten und regelgeleiteten Methodik exemplarische Aussagen auszuwählen und so zuzuordnen, dass sie den theoretischen Argumentationszusammenhang der Arbeit empirisch verdeutlichen und untermauern. Da es sich um eine Theoriearbeit handelt, deren Ziel es ist einen fundierten Interpretationsvorschlag vorzulegen, ist dieses Vorgehen ausreichend, um die Validität der Untersuchung im Kontext ihrer Zielsetzung sicherzustellen.

Die Untersuchung gliedert sich in mehrere Abschnitte: so gibt Kapitel 2 eine Einführung in den Themenkomplex, ausgehend von dem Verhältnis von Atomkraft und Moderne, über die konkreten Folgen der Katastrophe, bis hin zu den philosophischen Deutungsversuchen und Leerstellen. Daran schließt sich in Kapitel 3 die Theoriebildung der Arbeit an: so erläutert und definiert Kapitel 3.1 die für die Soziologie der Weltbeziehung zentralen Begriffe Welt, Weltbeziehung und Weltverlust und gibt einen Überblick über die Argumentationsweise dieser Theorie. In Kapitel 3.2 erfolgt dann eine Ergänzung dieser Elemente mithilfe weiterer Argumentationsfiguren: Hierzu zählen der epistemische Standpunkt der Arbeit und der so zentrale Begriff der ontologischen Sicherheit sowie die Begriffe der Materialität, der Kontamination und des Unfalls. Durch die Zusammenführung dieser Argumentationselemente ist dann in Kapitel 3.3 die Definition der Analysebegriffe dieser Arbeit Welt, materielle Weltbeziehung, Weltkatastrophe und *Struggle* für Resonanz[4] möglich. Diese werden in Kapitel 3.4 mit der Vorgehensweise der qualitativen Inhaltsanalyse verbunden.

4 Dieser Begriff wird bewusst auf Englisch formuliert, da der Autor den Begriff des *Struggle* in besonderer Weise für geeignet hält, um das Schwierige, Mühlevolle, Schmerzhafte und Anstrengende einer – vielleicht – möglichen Wiedererlangung von Resonanz in einer kontaminierten Welt zu betonen. Hingegen implizieren verwandte Begriffe wie Kampf oder Wiedererlangung ein nur einseitiges Vermögen des Subjektes sich eine Resonanzbeziehung *anzueignen*. Diese Implikation würde jedoch der hier vertretenen Annahme einer Bidirektionalität und Unverfügbarkeit von Resonanzbeziehungen widersprechen.

In Kapitel 4 erfolgt die weltbeziehungstheoretische Analyse der Zeugenaussagen, wobei die Ergebnisse der Inhaltsanalyse jeweils den entsprechenden Abschnitten zugeordnet werden. Kapitel 4.1 beschreibt die Materialität der Katastrophe, sowohl hinsichtlich der materiellen Qualität der radioaktiven Stoffe als auch der Transformation von Welt in der kontaminierten Zone. Daran knüpft in Kapitel 4.2 die Analyse der Zeugenaussagen im Hinblick auf die Rezeption dieser Veränderung von Welt sowie auch auf den veränderten Selbst-Welt-Bezug an. Kapitel 4.3 gibt daraufhin einen Überblick über die sich daraus ergebenden Schlussfolgerungen der Arbeit. Diese beziehen sich einerseits auf den totalen Verlust von Welt als beziehungsfähiges Gegenüber (Weltkatastrophe) und andererseits auf die sich daraus ergebenden Möglichkeiten und Schwierigkeiten einer erneuten Resonanzbeziehung in dieser kontaminierten Welt (*Struggle* für Resonanz). In Kapitel 5 widmet sich schließlich der Diskussion der vorgelegten Interpretation sowie der Diskussion der Leistungsfähigkeit der verwendeten Analysebegriffe und der Möglichkeiten einer sich daran anschließenden weiteren Theoriebildung. Die Arbeit schließt mit einem Resümee.

2. Grundlegung: Die Atomkatastrophe von Tschernobyl als Gegenstand der soziologischen und philosophischen Forschung

Bevor die in dieser Arbeit vertretene Argumentation entfaltet werden kann, ist es zunächst erforderlich, dass Verhältnis zwischen Atomkraft und Moderne grob zu skizzieren, um vor diesem Hintergrund die Atomkatastrophe von Tschernobyl und ihre bisherigen Deutungen adäquat beschreiben zu können. Auch für die Argumentation dieser Arbeit ist die Interpretation der Atomkraft als Erzeugnis des technisch-materiellen Weltverhältnisses der Moderne von großer Relevanz, da hier besonders anschaulich wird, wie die Verdinglichung der Radioaktivität letztlich zum Weltverlust führt.

2.1. Das Verhältnis von Moderne, Atomkraft und der Verdinglichung der Materie

Das Verhältnis von Atomkraft und Modernisierung ist bisher noch nicht Gegenstand einer intensiven Rekonstruktion der modernen Gesellschaftsverfassung geworden, obwohl keine Technologie so prägend und symbolisch für die Errungenschaften und Pathologien der Moderne ist, wie die Atomkraft. Dies gilt sowohl für die zivile wie für die militärische Atomkraft, welche letztlich als *Zwillinge* (vgl. Uexküll 1978: 2-3) aus demselben sozialen Impetus hervorgingen. So schrieb der *Erfinder* der Atombombe Robert Oppenheimer nach dem ersten erfolgreichen Test 1945:

> „Die Forscher waren jedoch auch vom Gedanken beseelt, sich mit der Schöpfung zu messen. Was sich in der Atombombe abspielt […] geschieht nach unserer Kenntnis nirgendwo im Universum. Der Explosionsherd ist heißer als das Innere der Sonne, er besteht aus Materie, die in der Natur nicht vorkommt, und er besitzt eine Strahlung in Form von Neutronen, Gammastrahlen, Spaltelementen und Elektronen, deren Intensität jenseits der menschlichen Erfahrung liegt. Der Druck der Explosion ist tausendmilliar-

denmal so stark wie der atmosphärische Druck. So lässt sich denn sagen, dass der Mensch mit der Atombombe im des Wortes ursprünglichster Bedeutung das Neue erschaffen hat" (Oppenheimer 1945 zitiert nach Boos 1996: 108).

Oppenheimer beschreibt damit, wie eine wissenschaftliche Entdeckung des Menschen die Erschaffung gänzlich neuartiger und im Vergleich zu natürlichen Subtanzen vollkommen *atypischer* Stoffe ermöglicht hat. Ihren Ausgangspunkt nahm die Entwicklung der modernen Atomkraft mit der Entdeckung der Radioaktivität durch Marie Curie und Henri Bequerel. Erweitert durch die Erkenntnisse der allgemeinen Relativitätstheorie und der Entdeckung der Kernspaltung durch Otto Hahn und Lise Meitner 1938 (vgl. Eidemüller 2012: 11-12) wurden so die wissenschaftlichen Grundlagen dafür geschaffen, die bis dato noch unverfügbaren Kräfte des Atoms bzw. der Kernspaltung zu zähmen und technisch verfügbar zu machen (vgl. Uexküll 1978: 1)[5].

Diese Entdeckung lässt sich damit als Gipfelpunkt der Beherrschung materieller Stofflichkeit beschreiben, in der sich ein Signum der Konstitution der Moderne erkennen lässt. Denn es ist gerade die wissenschaftliche Bestimmung, Erzeugung und Bewegung von Stoffen, die die gesellschaftliche Verfasstheit der Moderne ausmacht (vgl. Espahangizi/Orland 2014: 11-35) und in ihrem Projekt der *Welterzeugung* gründet: „Das Projekt der Moderne gründet [...] in einer *kinetischen Utopie*: die gesamte Weltbewegung soll Ausführung unseres Entwurfes von ihr werden" (Sloterdijk: 1989: 23). Oppenheimers Darstellung ist damit Ausdruck einer vermeidlich totalen Beherrschung der Materie, wodurch es erst möglich wurde, die Vielzahl der künstlichen Radionuklide zu erzeugen, die für den Bau einer Atombombe bzw. eines AKWs erforderlich sind. Da diese Stoffe auf komplexe technische Systeme angewiesen

5 Atomarten (= Nuklide), welche bei gleicher Protonenzahl über eine unterschiedliche Anzahl an Neutronen verfügen, werden als Isotop bezeichnet. Isotope, die über einen Neutronenüberschuss verfügen, sind radioaktiv. Aufgrund dieses Ungleichgewichts kommt es zum radioaktiven Zerfall, bei dem überschüssige Neutronen in energetische Strahlung umgewandelt werden. Diese Strahlen können durch ihre ionisierende Wirkung in großen Mengen zu Verbrennungen, Organschäden und zu Schäden am Erbgut führen und Krebs auslösen. Durch den Zerfall wandelt sich ein radioaktives Isotop um. Die Dauer des Zerfalls, das heißt die Zeit nach der die Hälfte der Atome einer Substanz zerfallen sind, wird als Halbwertszeit (HWS) beschrieben. Die Anzahl der Atome nimmt dabei exponentiell ab (vgl. Jaeggi 2011: 384). Jedoch verfügt jedes Radionuklid über eine andere HWS, so dass Substanzen mit kürzerer HWS sich in Substanzen mit längerer HWS umwandeln können. Beispielsweise wandelt sich das sehr gefährliche Plutonium-241 mit einer HWS von 14,4 Jahren in das ebenso gefährliche aber reaktivere Americium-241 mit einer HWS von 432 Jahren. Das heißt, die Menge dieser hochgefährlichen Substanz in der Zone nimmt im Zeitverlauf exponentiell zu (vgl. Boos 1996: 152).

sind (z. B. der Geigerzähler), um überhaupt als solche erkennbar zu sein (vgl. Heidegger 1990: 58), bildet diese totale Technifizierung und Verdinglichung der Materie zugleich den Ausgangspunkt neuartiger nichtintendierte Nebenfolgen und Kontrollverluste (vgl. Uexküll 1978: 2; Treusch-Dieter 1990: 101, Scherer 2015: 235). Die Atomkraft lässt sich damit als Produkt des für die Moderne spezifischen technischen Weltverhältnisses der *Welterzeugung* durch die Verfügbarmachung von Materie beschreiben (vgl. Müller 2014: 1-3).

Die Entwicklung der zivilen Kernkraft ist untrennbar mit der Entwicklung der Atombombe verbunden. Nicht nur, weil hier hochangereichertes Uran und Plutonium zur Anwendung kommen, sondern auch, weil ein Kernreaktor notwendige Voraussetzung dafür ist, diese Substanzen in ausreichenden Mengen produzieren zu können. Die Entwicklung der Atombombe hat damit die Grundlage für das zivile Atomkraftwerk geschaffen. So wurde das erste AKW 1954 im russischen Obninsk in Betrieb genommen, gefolgt 1956 von einer Anlage im englischen Sellafield und 1960 im deutschen Karlstein (vgl. u. a. Cooke 2011: 172). Die Etablierung der zivilen Atomkraft ist damit auch eine Reaktion auf den steigenden Energiebedarf im Zuge des Wirtschaftswachstumes der 50er und 60er Jahre (vgl. Strohm 1981: 1-37). Die (zivile) Atomkraft lässt sich damit auch als Verkörperung eines gesamtgesellschaftlichen Strukturprinzips der Moderne beschreiben, denn eine Gesellschaft, welche sich nur über stetig steigende Wachstumsraten stabilisieren und erhalten kann, verfügt über einen ebenso steigenden Energiebedarf. Aufgrund dieser „dynamischen Stabilisierung" wird eine immer größere Energiemenge benötigt, um diese Dynamik aufrechtzuerhalten, was die Erschließung immer neuer Energiequellen voraussetzt (vgl. Rosa/Dörre/Lessenich 2017: 61-62). Die Atomkraft erschien vor diesem Hintergrund als scheinbar erreichbare Utopie einer vermeintlich unerschöpflichen und kostenlosen Energiequelle und verhieß ein angstfreies Leben in endlosem Wohlstand (vgl. Arndt 2011: 16; Uexküll 1978: 5).

Damit wurde die Atomkraft auch in kultureller Hinsicht ein prägender Aspekt der Moderne: So paarte sich ab den frühen 1950er Jahren ein unhinterfragter Fortschrittsglaube mit der Begeisterung über die erlangte Beherrschung der Kernspaltung zu einer sog. „Atomeuphorie", die einen grenzenlosen Fortschrittsoptimismus befeuerte. Dies brachte teils skurrile Machbarkeitsfantasien hervor, wie die Begrünung der Wüsten oder die Entwicklung von Atomflugzeugen. Diese Fantasien trugen zum *Mythos des Atomzeitalters* bei und verbreiteten die Vorstellung eines genuin modernen Lebensstils (vgl. Arndt 2011: 13-18, Uexküll 1978: 5). So entstanden rund um die kerntechnischen Anlagen sog. Atomstädte, welche als Siedlungen des Kraftwerkspersonals den Inbegriff des modernen und fortschrittlichen Lebensstils verkörperten, sowohl im sozialistischen Osten als auch im kapitalistischen Westen. Dies gilt auch für die ukrainische Stadt Pripyat, welche das Personal des AKW Tschernobyl beherbergte:

> „The new cities that rose around the nuclear power plants, proudly called ‚*atomogrady*' (atomic cities; e.g. Pripyat next to the Chernobyl power plant, or Visaginas next to the Ignalina power plant in the Lithuanian Soviet Republic) were showpieces of modern, family-friendly architecture and lifestyle. Images of dark, sordid industrial halls with premodern equipment were contrasted with white-collar pictures from spaceship-like command centers of the nuclear power plants" (Arndt 2012: 4).

Diese Städte bildeten mit ihrer Fortschrittlichkeit und ihrem hohen Lebensstandard nicht nur einen Kontrast zu den teils ländlichen und unterentwickelten Nachbarstädten, sondern wurden auch zum Vorbild für einen konsumorientierten Lebensstil: „Alongside reactors, they built family-centered, consumer-oriented communities where working-class people were paid and lived like the middle class" (Brown 2015: 4). Atomkraft wird damit auch zu einem Inbegriff für eine fortschrittliche und moderne Lebensweise.

Doch mit zunehmender Verbreitung und Normalisierung der Kernkraft als selbstverständlicher Bestandteil der modernen Gesellschaft tritt auch die radioaktive Kontamination der Umwelt als Kehrseite dieser Entwicklung zutage. Denn die Betreiber dieser Anlagen „[…] polluted the sorrounding landscape freely, liberally and disastrously" (ebd.: 3). Überall dort, wo kerntechnische Anlagen gebaut und Energie sowie radioaktive Substanzen produziert wurden, entstanden auch *radioaktive Landschaften* als Folge einer sowohl fahrlässigen als auch intendierten Verschmutzung. Die umgebenden Flächen fungierten dabei nicht nur als offenes Endlager für radioaktive Abfälle, sondern fielen auch produktionsimmanenten Kollateralschäden zum Opfer und wurden mit großen Mengen an radioaktiven Substanzen kontaminiert (vgl. ebd.: 9, 50-56) – wie beispielsweise im russischen Kyschtym. Teilweise sind diese Gebiete ebenso (oder stärker) verstrahlt wie die Sperrzonen rund um die zerstörten AKWs Tschernobyl und Fukushima (vgl. ebd. 189). Und so ist der Begriff des Atomzeitalters heute weit mehr mit den strahlenden Abfällen der AKWs und ihrem epochalen Entsorgungsproblem konnotiert, als mit moderner Fortschrittlichkeit.

Damit lässt sich festhalten, dass die Atomkraft im doppelten Sinne eine grundlegende Entwicklung im materiellen Weltverhältnis der Moderne repräsentiert: Auf der einen Seite lassen sich die Kerntechnik und ihre radioaktiven Substanzen als Inbegriffe des Prozesses der Verdinglichung der Materie beschreiben, womit nicht nur materielle Entitäten dem Produktionsprozess verfügbar gemacht werden konnten, sondern die Gesetze ihrer Konstitution selbst verfügbar geworden sind. Atomkraft ist damit wesentlicher Bestandteil der modernen Naturbeherrschung und Technisierung. Insbesondere die militärische und zivile Produktion von großen Mengen an spaltbaren Substanzen erzeugt eine toxische Materialität, deren Verwaltung und Entsorgung zu einem immer größeren Problem wird (vgl. Bernstein 2007: 155-171).

Auf der anderen Seite bringt diese Entwicklung aber auch die Entstehung von *radioaktiven Landschaften* – wie in Tschernobyl, Fukushima oder Kyschtym – hervor. Mit der Erfindung hochkomplexer technischer Anlagen wie eines AKWs tritt zugleich auch das Risiko der radioaktiven Kontamination in die Welt. Wie der Soziologe Charles Perrow gezeigt hat, weisen solche Systeme immanente Eigenschaften auf, welche nahezu zwangsläufig Unfälle eintreten lassen. Diese „normalen Unfälle“ lassen sich damit als direkte Konsequenz der Verdinglichung radioaktiver Materialität betrachten: die Erfindung des Kernkraftwerks bedeutet ebenso die *Erfindung des Atomunfalls* und damit der radioaktiven Kontamination (vgl. Virilio 2005: 17-18). Und so werden auch die Atomunfälle – von denen der Brand in Windscale (Sellafield) 1957, die Explosion in der Produktionsanlage Majak (Kyshtym) 1957, die Kernschmelze in Harrisbourg 1979 sowie der Super-GAU in Tschernobyl 1986 und Fukushima 2011 nur zu den verheerendsten Ereignissen zählen – zu einem Sinnbild des Prozesses der chemischen und radioaktiven Kontamination der Lebenswelt und damit zu einem zentralen Merkmal der Pathologien der Moderne. Im Folgenden wird nun die Atomkatastrophe von Tschernobyl näher beleuchtet, um daran anschließend die philosophischen Deutungen dieses Ereignisses diskutieren zu können.

2.2. Die Atomkatastrophe von Tschernobyl: Dimensionen des Super-GAUs

Der Begriff Tschernobyl wird heute synonym mit der dortigen Atomkatastrophe verwendet. Nahezu unbeachtet ist, dass Tschernobyl auch als Bezeichnung für eine alte und traditionsreiche Kulturlandschaft steht, deren Untergang durch den Super-GAU 1986 besiegelt wurde. So war Tschernobyl einst eine blühende Kleinstadt im Herzen der Region *Polissja* zwischen Polen, der Ukraine, Weißrussland und Russland, durchzogen von den Flüssen *Djnper* und *Prypjat*. Diese Landschaft ist ein wichtiges Quellgebiet mit zahlreichen Flüssen und Seen sowie großen Birkenwäldern und Moorlandschaften. Landwirtschaft wurde dort nur bedingt betrieben, während Viehzucht, Fischfang und insbesondere das Sammeln von Beeren und Pilzen die wesentlichen Einnahmequellen darstellten. Hinzuzufügen ist, dass sich kaum eine osteuropäische Region so lange ihre eigenständigen Kulturformen und einen naturverbundenen

Lebensstil erhalten konnte wie die *Polissja*, was auch für die Einwohner Tschernobyls galt (vgl. Stockhausen 2011: 14-17).

Im Jahre 1978 ging der erste Block des AKWs *Wladimir Iljitsch Lenin* in Betrieb – so der offizielle Name des explodierten Kraftwerks. Bereits ab 1970 entstand die *Retortenstadt* Pripjat in unmittelbarer Reaktornähe und beherbergte bis zur Katastrophe fünfzigtausend Einwohner. Pripjat liegt ca. achtzehn Kilometer von der alten Stadt Tschernobyl entfernt und ca. einhundertzehn Kilometer von Kiew. Pripjat bot einen hohen Lebensstandard, galt als besonders fortschrittlich und sollte der gesamten Region einen wirtschaftlichen Aufschwung und die bisher ausgebliebene Modernisierung bringen. Mit der Explosion des AKWs fanden nicht nur diese Bestrebungen ein jähes Ende, sondern auch die traditionelle Lebensweise eines Großteils dieser Region (vgl. ebd.: 16; Arndt 2011: 33).

So kam es in der Nacht vom 25. zum 26. April 1986 im Block vier des AKW zu einer verheerenden Explosion. Trotz einer Vielzahl an Untersuchungen kann der exakte Unfallhergang bis heute nicht vollständig rekonstruiert werden. Als gesichert gilt, dass es im Rahmen eines planmäßigen Sicherheitstests um 01:23 Uhr zu einer Fehlfunktion kam, welche eine Kettenreaktion auslöste und die Explosion verursachte. Es sollte überprüft werden, ob die Reaktoren im Falle eines Stromausfalls genügend Restenergie liefern würden, um die Kühlwasserpumpen zu betreiben, bis die Notstromaggregate übernehmen könnten. Daher wurden automatische Sicherheitsvorkehrungen für den Test abgeschaltet und der Reaktor heruntergefahren. Da die Reaktorleistung wesentlich schneller fiel als erwartet und die Stromversorgung gefährdet wurde, erfolgte eine verfrühte Wiederinbetriebnahme des Reaktors. Dies löste eine fatale Kettenreaktion aus, die zum Teil auf die Bauweise des Reaktors zurückzuführen ist, denn durch das Wiedereinfahren der Graphitstäbe in den Reaktor – welche das Reaktionsniveau moderieren –, kam es für kurze Zeit zu einem enormen Leistungsanstieg: Eine Kernschmelze setzte ein und der Reaktor explodierte. Dabei wurde der mehr als tausend Tonnen schwere Sicherheitsdeckel gesprengt, große Mengen an Graphit und radioaktivem Material herausgeschleudert und der Reaktor in Brand gesetzt. Die Brennstäbe des Reaktors brannten unter freiem Himmel (vgl. Arndt 2011: 35-37).

So schleuderte die Explosion – vergleichbar mit einer vulkanischen Eruption – große Mengen der ca. zweihundert Tonnen Brennstoff (vgl. Jaeggi 2011: 37) in den Nachthimmel und verteilte diese auf einer Fläche von ca. 125.000-146.000 km². Der Reaktorbrand loderte mehrere Tage und war weithin sichtbar:

„Tags zuvor im Morgengrauen, [...] hatten sie im Nebel über der Stadt eine Feuersäule gesehen, riesengroß, bis in die Wolken, vielleicht Kilometer hoch, aber nie beängstigend, als gehörte sie hier hin. Nicht rot war sie, eher himbeerfarben, [...]. Schon in diesem Moment hatten die Menschen unwillkürlich gespürt, wie winzig sie angesichts dieses Kraftausbruchs waren" (Pjatrovic 2011: 97-98).

Es dauerte mehrere Tage, bis das radioaktive Feuer gelöscht werden konnte, das gewaltige Mengen an Radioaktivität emittierte. Radioaktive Wolken zogen über Europa hinweg und kontaminierten große Gebiete. Mehr als siebzig Prozent des gesamten radioaktiven Fallouts gingen über dem heutigen Belarus nieder und kontaminierten dreiundzwanzig Prozent des Territoriums. Die am stärksten verstrahlten Gebiete befinden sich im Norden der Ukraine sowie dem Süden und Osten von Belarus (vgl. Arndt 2011: 37-38).

In den folgenden Tagen, Wochen und Jahren kam es daraufhin zu umfangreichen Lösch- und Dekontaminierungsarbeiten, die das Antlitz der Region vollständig veränderten. So gelang es nur unter großen Anstrengungen und erst nach mehr als einer Woche, das radioaktive Feuer zu löschen. Unmittelbar danach wurde mit dem Bau des sog. *Sarkophags* begonnen, einem massiven Betonmantel, rund um den offenen Reaktor zur Abschirmung der Strahlung. Die Arbeiten waren im November 1986 abgeschlossen. Schätzungsweise 600.000 bis 800.000 sog. *Liquidatoren* waren an diesen und anderen Aufräumarbeiten beteiligt. Dabei handelt es sich sowohl um Feuerwehrleute und Soldaten als auch um freiwillige und zwangsrekrutierte Männer und Frauen aus der Umgebung. Zu ihren Aufgaben gehörten die Sicherung des zerstörten Kraftwerks und die Verringerung der akuten Strahlenemission. Es wurde nicht nur versucht, das radioaktive Material wieder einzusammeln, sondern auch bereits kontaminierte Bereiche zu sichern: So wurden verseuchte Böden abgetragen, Wälder gefällt sowie ganze Dörfer zerstört und alles in sog. Mogilnik[6] verscharrt. Mehr als achthundert Gruben dieser Art existieren in der Sperrzone (vgl. Arndt 2011: 43-44).

Zum Zeitpunkt der Katastrophe lebten in den verstrahlten Gebieten ca. sieben Millionen Menschen, davon 130.00 in Pripjat und Umgebung. Bis zu 350.000 Menschen wurden langfristig umgesiedelt. Die Evakuierung begann erst Tage später, so dass eine große Anzahl von Menschen einer starken Strahlenexposition ausgesetzt war. Im Anschluss daran wurden eine Sperrzone mit einem Radius von dreißig Kilometern errichtet, in der ein unbefugter Aufenthalt nach wie vor verboten ist und in der

6 weißrussisch für Grab.

die heutige Geisterstadt Pripjat, die Stadt Tschernobyl und mehr als siebzig weitere verlassene Dörfer liegen (vgl. ebd.: 41-43).

Da sich die Katastrophe in einem besonders warmen Frühling ereignete, hielten sich zum Zeitpunkt des radioaktiven Brandes besonders viele Menschen im Freien auf und waren so der Strahlung direkt ausgesetzt. Aufgrund der fehlerhaften und nur schleppenden Reaktion der sowjetischen Führung auf die Katastrophe und ihres gewaltigen und transnationalen Ausmaßes ist eine genaue Bestimmung der kollektiven Strahlendosis und der exakten gesundheitlichen Folgen außerordentlich schwierig. So gibt es weder ein zentrales Register noch ein Monitoring der betroffenen Bevölkerung. Beispielsweise bewegte sich die Zahl der offiziellen und potenziellen Todesopfer in Folge der Katastrophe zwischen einigen Dutzend und mehreren Hunderttausend und auch andere Statistiken sind hochumstritten[7]. Fest steht lediglich:

> „Die Krebsrate hat deutlich zugenommen, Schilddrüsenerkrankungen häufen sich, die Säuglingssterblichkeit ist hochgeschnellt, genetische Schäden und Fehlbildungen nehmen zu. Am schlimmsten betroffen sind die sogenannten Liquidatoren und ihre Kinder. Es ist nicht von der Hand zu weisen, dass dies auf die Strahlenbelastung infolge der Reaktorkatastrophe zurückzuführen ist" (Pflugbeil 2010: 75).

Auch zweiunddreißig Jahre nach der Atomkatastrophe stellt die Strahlenbelastung eine zentrale Einschränkung im Leben der Betroffenen dar – nicht nur in gesundheitlicher, sondern auch in alltagspraktischer Hinsicht. Viele Bereiche sind weiterhin gesperrt und selbsterzeugte und gesammelte Nahrung muss aufwendigen Tests unterzogen werden. Das Leben mit der Radioaktivität wird damit sowohl zu einer alltäglichen Einschränkung und Belastung als auch zu einer scheinbaren Selbstverständlichkeit (Jaeggi 2011: 139-142; Plate 2006: 459-463, Pena-Vega 2006).

---

7 Eine dauerhafte Strahlenexposition kann zu einer Vielzahl von Schäden an lebendem Gewebe und dem menschlichen Körper führen. Diese reichen von akuter Strahlenkrankheit mit Todesfolge, über tödliche Erkrankungen, wie Krebs, Leukämie und Schilddrüsenerkrankungen, über Schäden am Herz-Kreislauf-System bis hin zu mentalen und psychischen Beeinträchtigungen. Die Anzahl der Opfer schwankt stark: Während die äußerst konservativen Schätzungen der WHO zusätzlich 25.000 Krebserkrankungen bei 16.000 zusätzlichen Toten annimmt (vgl. Jaeggi 2011: 386), gehen andere Studien von mehreren hunderttausend Todesopfern und dementsprechend gesteigerten Erkrankungsraten aus (vgl. Yablokov 2009: 161). Die Strahlenbelastung führt auch zu weitreichenden psychischen Auswirkungen, wie anhaltenden Depression, posttraumatischen Belastungsstörungen und verminderter kognitiver Leistungsfähigkeit (vgl. Bromet 2012). Die Strahlung bewirkt damit eine umfassende Beeinträchtigung des leiblichen und psychischen Wohlbefindens.

Die Atomkatastrophe ist weit davon entfernt, zu einem rein historischen Ereignis zu werden, nicht nur, weil drei Jahrzehnte auch im zeithistorischen Maßstab gering sind, sondern auch – wie das Eingangszitat verdeutlicht – dieses Ereignis in einer sehr fernen Zukunft gegenwärtig sein wird, denn die radioaktiven Partikel zerfallen erst nach tausenden von Jahren. Die Vergangenheit der Katastrophe kann damit nicht zu einem Gegenstand der reinen Erinnerung werden, sondern verbleibt vielmehr als ständig erlebte Gegenwart, die einen nicht auszublendenden Faktor im Leben der Betroffenen darstellt: *Was also bedeutet es in einer radioaktiv kontaminierten Umgebung leben zu müssen?* (vgl. Petryna 1995: 214-215).

2.3. Nach dem Super-GAU: Philosophische Deutungsversuche und sozialtheoretische Leerstellen

Dieser Frage gehen eine Vielzahl von Deutungsversuchen nach, ohne diese jedoch aus der konkreten Erfahrung der Betroffenen heraus zu diskutieren. Im Folgenden sollen deshalb eine Auswahl der bisherigen Analyseversuche zusammengefasst werden, um die argumentativen Leerstellen aufzuzeigen, die der Ansatz dieser Untersuchung systematisch ausleuchten möchte.

Bei der Diskussion theoretischer Deutungsversuche handelt es sich nicht um ein Spezialgebiet von einem in verschiedene Ansätze ausdifferenziertes Forschungsfeld, sondern vielmehr um die Problematisierung der Frage nach dem *richtigen Zugang* zum Phänomen Tschernobyl. Denn wie bereits deutlich wurde, konnte die zwar umfangreiche, aber erkenntnisarme empirische Forschung zu den sozialen, medizinischen und ökologischen Auswirkungen der Katastrophe weder konsensfähige noch befriedigende Erkenntnisse generieren. Diese Fülle an unterschiedlichen Ergebnissen lässt sich auf den Umstand zurückführen, dass

> „international and national regulatory agencies and research instituts expended a great deal of effort not to know about the effects of the Chernobyl accident, to limit and to contain judgements“ (Brown 2017: 414).

Laut Kate Brown existiert ein politisches Interesse daran, die Folgen der Katastrophe nicht exakt zu bestimmen. Die Erhebung immer neuer und abweichender Studien stuft sie als „[...] broad continuum of ignorance-producing activities [...]“ ein (ebd.: 432). Dem zufolge lässt sich ein rein empirischer Zugang zum Thema als unzureichend einstufen, um das was diese Katastrophe eigentlich ausmacht, analysieren zu können.

So lässt sich in der breiten und inzwischen unübersichtlichen Literatur zu Tschernobyl ein eigenständiger Strang identifizieren, welcher als philosophischer Deutungsversuch beschrieben werden kann. Zwar findet sich in dieser Literatur keine Selbstbeschreibung als solche, es handelt sich also nicht um ein systematisches Themenfeld, aber allen Texten, die sich diesem Strang zuordnen lassen, ist eine (im weitesten Sinne) philosophische Perspektive auf dieses Phänomen gemeinsam. Zu den wiederkehrenden Argumentationselementen gehören die Frage nach dem Wesen der Radioaktivität, die Thematisierung von Welt als Entität sowie die Problematisierung des modernen Weltbildes im Angesicht der Folgen der Katastrophe. Im Folgenden wird ein zusammenfassender und chronologischer Überblick über ausgewählte Deutungsversuche gegeben, welchen im Rahmen der Untersuchung besondere Relevanz zukommt.

Zu den ersten und bis heute einflussreichsten Deutungsversuchen gehört der risikosoziologische Ansatz von Ulrich Beck. So beschrieb Beck bereits im Mai 1986, dass Tschernobyl das „[…] Ende der ‚anderen', das Ende all unserer hochgezüchteten Distanzierungsmöglichkeiten ist, dass mit der atomaren Verseuchung erfahrbar geworden ist" (Beck 1986a: 7). Mit der radioaktiven Kontamination hat die Moderne eine Phase erreicht, in der ihre eigene Errungenschaft zum Ausgangspunkt der Produktion neuer Risiken und Gefahren werden. Da ihre potentielle Bedrohung allgegenwärtig ist, wird das Risiko zum Signum der zweiten Moderne (ebd.: 8-11). Das durchbrechen dieser Realität im Ereignis Tschernobyl wird für Beck daher zu einem „anthropologischen Schock", welcher durch die bereits zitierte Erkenntnis einer Verdoppelung der Welt ausgelöst wird: Die Erkenntnis einer verborgenen, aber allgegenwärtigen toxischen Welt, die sich mit ihrer Unfasslichkeit den Sinnen entzieht (vgl. Beck 1986b: 653). Beck sieht damit „[…] *gesellschaftliche Metamorphosen der Gefahr* […]" in Gang gesetzt, welche jegliche alltägliche Gewissheit auf den Kopf stellen, die Souveränität der Sinne enteignet und die Lebenswelt auf Technik reduziert (Beck 1986a: 10; 1986b: 655-656). Die Explosion in Tschernobyl ist nach Beck damit der Urknall einer sich selbst gefährdenden Zivilisation, welche Beck zuvor in den Termini seiner Risikosoziologie beschrieben hat. Er konstatiert: „Ach, wäre es die Beschwörung einer Zukunft geblieben, die es zu verhindern gilt" (ebd.: 11).

In eine ähnliche Richtung argumentieren auch Swetlana Alexijewitsch und Paul Virilio. So kreist ein wichtiger Teil des Schaffens der Schriftstellerin und Zeugin Alexijewitsch um die Frage, was die Erfahrung von Tschernobyl eigentlich ausmacht. Ähnlich wie Beck argumentiert auch sie, dass sich seit der Katastrophe der Mensch „[…] im Widerstreit mit seinen früheren Vorstellungen von sich und von der Welt" befindet (Alexijewitsch 2015: 39). Ihr Fragen gilt daher weniger der eigentlichen Katastrophe, sondern dem Zustand, der durch die Katastrophe eingetreten ist – also der „[…] Welt *von* Tschernobyl" (ebd.). Für Alexijewitsch ist Tschernobyl keine Metapher oder Symbol, sondern reale

Gegenwart und konkretes Zuhause vieler Betroffener. Ihr Fragen gilt diesem „ungeheuerlichen Ereignis“, dass zum Hauptbestandteil einer Welt geworden ist, die für die Betroffenen sowohl Innen wie Außen vergiftet wurde (ebd.: 40-41). Sie beschreibt die konkreten Erfahrungen des Lebens in dieser Welt, in der die Radioaktivität zum alles bedrohenden Faktor geworden ist:

> „Töten konnte das abgemähte Heu. Der geangelte Fisch, das gefangene Wild. Ein Apfel ... Die Welt um uns herum, uns früher so gefügig und freundlich gesinnt, flößte nun Angst ein“ (ebd. 44).

Die Erfahrung von Tschernobyl ist damit vor allem die Erfahrung eines Verlustes: „Es suggeriert Endlichkeit. Stößt an das Nichts“ (ebd.: 47).

Gemeinsam im Dialog mit dem Philosophen Paul Virilio umkreist die Autorin das Wesen dieser Erfahrung, dass das Weltbild der Gegenwart fundamental infrage stellt. So versuchen beide die eigentliche Dimension dieses Ereignisses festzustellen. Dabei wird deutlich, dass Tschernobyl eine totale Katastrophe ist, die alle Dimensionen des Seins betrifft: So ist der Super-GAU nicht nur ein Unfall der Substanz, sondern auch der Zeit, des Wissens, des Bewusstseins und der Beziehungen. Vertraute Qualitäten kehren sich um und werden durch die radioaktive Kontamination zur Bedrohung: Nahrung und Wasser werden toxisch, Kategorien wie Vergangenheit und Zukunft verlieren in Anbetracht der nahezu ewigen Dauer der Radionuklide an Bedeutung, Wissen wird zu Nichtwissen, dass Bewusstsein versagt vor der Nichtwahrnehmbarkeit der Radioaktivität und Beziehungen zu Menschen und Dingen wandeln sich in Anbetracht der strahlenden Bedrohung (vgl. Alexijewitsch/Virilio 2003: 11-14). Nach Alexijewitsch und Virilio „sind [wir] in eine undurchsichtige Welt eingetreten“ (ebd.: 15), denn nach Tschernobyl „[...] scheint die gesamte Konstruktion unserer [bisherigen] Welt Risse bekommen zu haben“ (ebd.). Ergänzend dazu ist für Virilio der Super-GAU eine „[...] Entblößung dessen, was verborgen war – und darauf wartete, sich vor aller Augen zu ereignen“ (Virilio 2005: 23).

Ähnlich argumentiert auch Guillaume Grandazzi, wenn er das Fehlen eines Gedenkens an diese Katastrophe thematisiert:

> „Tschernobyl ist eine Katastrophe, die sich in der Gegenwart ausbreitet und die Zukunft bestimmt. Je weiter der Zeitpunkt des Unglücks zurückliegt, je mehr die Erinnerungen daran verblassen, je mehr Zeugen sterben, desto mehr Anzeichen gibt es für seine Aktualität und für die Gegenwärtigkeit dieser Katastrophe. Gerade diese Zeichen stellen ein Problem für das Gedenken an eine Vergangenheit dar, die nicht vergeht“ (Grandazzi 2006: 8).

Tschernobyl ist damit kein singuläres Ereignis, sondern eine Katastrophe „im Werden“ (ebd.: 10) ohne ein „[...] kausal erlebbares, ursprüngliches

Ereignis“ (ebd.: 8). Auch Grandazzi thematisiert die völlige Umkehrung aller Erfahrung: „Der Alltag ist so neuartig, dass er selbst das Ereignis ist“ (ebd.). Damit teilt der Autor die bereits beschriebenen Deutungsfiguren und erweitert diese um den Zeitaspekt, denn die Tatsache, dass Tschernobyl diese existenzielle Wirkung entfalten konnte, liegt daran, dass der Mensch durch die Katastrophe schutzlos in einer Welt ist, deren Gegenwart und Zukunft vom Atom kolonisiert wurde (ebd.: 13).

Neben diesem in der Literatur häufig vertretenen Zeitaspekt etabliert sich in jüngster Zeit nun auch eine materielle Deutung von Tschernobyl, welche u. a. an Argumentationen von Beck und Virilio anschließt. So beschreibt Barbara Adam, dass das Problem der Unsichtbarkeit der Radioaktivität, vor allem die alltäglichen und tradierten Weisen des *in-Beziehung-tretens* zur materiellen Welt infrage stellt und damit den Status des Materiellen im Denken über und Theoretisieren von Welt herausfordert (vgl. Adam 1998: 194, 199). Im Anschluss an die Perspektive des *New Materialism* formuliert Owen Abbott, dass Tschernobyl

> „[..] exemplifies clearly the performative agency of the non-human. Moreover, it shows how human agency interacts with this non-human agency in a continual process [...] (Abbott 2016: 231).

Abbott beschreibt diesen Prozess als einen „dance of agency“, welcher bisherige ontologische Konzepte des *in-der-Welt-Seins* problematisiert (ebd.: 232). Diesen Aspekt greift auch Elsa Alves auf, wenn sie konstatiert, dass die radioaktive Kontamination eine Neukonzeptionierung dieser Gefahr erfordert, denn ihr ontologischer Status kann von nun an nicht mehr ausschließlich auf Deutungszuschreibungen reduziert werden: Toxizität wird zu einem objektiven Faktor der Welt (vgl. Alves 2015: 127-128). Im Anschluss an diese materiell-ontologische Problematisierung fragt Maxime Polleri: „Do we truly understand how ‘contamination’ has affected – and continues to affect – the world around us?“ (Polleri 2015: 14). Tschernobyl wird damit zum Anlass, (radioaktive) Kontamination nicht nur aus der Perspektive des Subjektes zu denken und im Hinblick auf unterschiedliche Deutungszuschreibungen zu untersuchen, sondern zu einem *Marker*, mit dem die bisher verborgene Eigenaktivität der materiellen Welt sichtbar wird. Dadurch wird es möglich, Materialität nicht nur als passives Gegenüber einer Beziehung zu betrachten, sondern selbst als aktiven Akteur innerhalb eines komplexen Beziehungsgeflechts, in das Subjekte immer schon involviert sind (vgl. ebd.: 22-23).

Zusammenfassend lässt sich festhalten, dass die hier dargestellten Deutungsversuche Tschernobyl als ein Ereignis rezipieren, dass bisherige Vorstellungen von Zeit, Welt und Materialität herausfordert. Den genannten Deutungsversuchen ist gemeinsam, dass sie Welt als eine vor allem materielle Welt thematisieren, die existenzielle Dimension – insbesondere im alltäglichen Leben – hervorheben und die Möglichkeit des normalen Weiterlebens in Anbetracht der Katastrophe hinterfragen. Dabei eröffnen insbesondere jüngere Ansätze den Blick auf die Materialität der Welt und ihre Eigenaktivität, die erst durch ihre radioaktive Kontamination als solche erkennbar und Gegenstand der Theoriebildung wird. In der Zusammenschau dieser Deutungsversuche wird jedoch deutlich, dass die Problematisierung von materieller Welt und die Problematisierung der Existenz in dieser Welt getrennt voneinander erfolgt und so die Frage offenbleibt, wie sich das *in-der-Welt-Sein* von Subjekten durch die Katastrophe konkret verändert. Verknüpft man diesen Aspekt mit der Erkenntnis der Eigenaktivität der materiellen Welt, konkretisiert sich dieser Aspekt als Frage nach den verbliebenen Weisen des *in-Beziehung-Tretens* zu den kontaminierten Entitäten, mit denen diese undurchschaubare bzw. verdoppelte Welt *als* Welt den Subjekten begegnet. Alexijewitschs Frage nach der Erfahrung von Tschernobyl erweist sich damit genuin als eine Frage nach der Möglichkeit von Weltbeziehung in einer vergifteten Umwelt.

3. Forschungsdesign: Der weltbeziehungstheoretische Bezugsrahmen der Untersuchung

Im Folgenden Abschnitt wird nun der theoretische Analyserahmen dieser Arbeit erläutert, um die existentiellen Folgen der Atomkatastrophe einer weltbeziehungstheoretischen Deutung zugänglich zu machen. Ausgangspunkt bildet die Soziologie der Weltbeziehung. Dieser Ansatz wird um ausgewählte theoretische Begriffe erweitert, um so die vier Analysebegriffe der Untersuchung zu definieren. Das Kapitel schließt mit einer Erläuterung der empirischen Fundierung dieser Analyse.

3.1. Die Soziologie der Weltbeziehung und Resonanz mit der materiellen Welt

Diese Darstellung der Soziologie der Weltbeziehung (Rosa 2016) kann nur einen kursorischen Überblick über die komplexen und vielfältigen Argumentationsfiguren dieser Theorie liefen. Im Vordergrund steht die Auswahl jener Argumentationselemente, welchen im Rahmen der hier verfolgten Zielsetzung besondere Relevanz zukommt. Es handelt sich dabei um die Konzeption von Welt und Weltbeziehung, um die Begriffe der Materialität und Unverfügbarkeit sowie um den Begriff der Resonanzkatastrophe.

3.1.1. Erkenntnisinteresse und das Prinzip der Relationalität von Subjekt und Welt

Die Soziologie der Weltbeziehung fragt als kritische Gesellschaftstheorie nach den Bedingungen und Möglichkeiten eines gelingenden Lebens. Dieser Ansatz analysiert die konkreten Ausprägungen von subjektiven und kollektiven Weltverhältnissen, ihrer Institutionalisierung und ihrer Pathologien. Im Zentrum steht die Prämisse, dass sich Subjekte und Gesellschaften über eine bestimmte Weise des *in-Beziehung-Tretens* zu anderen Subjekten und zur Welt konstituieren. Die Begriffe Resonanz und Entfremdung beschreiben dabei die entgegengesetzten Pole eines gelingenden bzw. misslingenden Modus von Weltbeziehung (vgl. Rosa 2016). Kennzeichnend für diesen Ansatz ist demnach die Annahme, dass sich Weltbeziehung „[...] nicht über die Art der Tätigkeit oder die Objektbereiche per se bestimmen [lässt], sondern nur über eine Analyse der jeweiligen Welthaltung und Welterfahrung" (Rosa 2016: 35). Dabei bilden drei Kernelemente die Grundlage der Analyse von Weltbeziehung: Erstens hängt das Entstehen einer Resonanzbeziehung oder Entfremdungserfahrung von der Disposition des Subjektes ab (körperlich, sozial, psychisch etc.), zweitens von der Konfiguration der jeweiligen Weltausschnitte (institutionell, kulturell und materiell) sowie drittens von der Art und Weise, in der Subjekt und Objekt durch Weltbeziehung aufeinander bezogen sind (vgl. ebd.) Laut Rosa können dabei auch tendenziell lebensfeindliche Weltausschnitte – wie z. B. eine Wüste – zu *Resonanzoasen* werden. Ob diese Ansicht auch auf die radioaktive Sperrzone zutreffen kann, wird im Weiteren zu erläutern sein.

Die Entstehung von Resonanz und Entfremdung ist demnach durch die *Passfähigkeit* bzw. durch die Weise der Begegnung von Subjekt und Weltausschnitt bestimmt:

> „Entfremdung im Sinne stummer, kalter, starrer oder scheiternder Weltbeziehungen ist dann das Ergebnis beschädigter Subjektivität, resonanzfeindlicher Sozial- und *Objektkonfigurationen* [Herv. d. A.] oder aber eines Missverhältnisses beziehungsweise eines fehlenden Passungsverhältnisses zwischen Subjekt und Weltausschnitt" (Rosa 2016: 35-36).

Zur analytischen Finesse des Ansatzes gehört dabei die Prämisse, dass Weltbeziehungen ebenso historisch variabel sind wie die jeweilige sozial kontingente Konfiguration von Subjekt und Objekt:

> „Weltbeziehungen erweisen sich demnach als historisch und kulturell variable Gesamtkonfigurationen, die nicht nur ein bestimmtes Verhältnis zwischen Subjekt und Objekt definieren, sondern die de facto jene Subjekte und Objekte selbst mit hervorbringen" (ebd.: 36).

Dieses Kernpostulat der wechselseitigen Hervorbringung von Welt und Weltbeziehung begründet dabei auch die epistemische Position der Resonanztheorie, welche bereits einleitend kurz erwähnt wurde. Da die Relation derjenige Faktor ist, der der situativen Konstitution von Subjekt und Objekt vorgängig ist, verzichtet die Soziologie der Weltbeziehung nach Rosa auf eine konkrete Konzeption des tatsächlichen Antwortverhaltens des Objektes bzw. der Welt, da das, was als konkretes Antwortverhalten des Objektes vom Subjekt erfahren wird, ja wiederum von der konkreten Disposition und Sensibilität des Subjektes abhängt (vgl. ebd.: 289). Die Resonanztheorie bezeichnet sich dabei selbst als „agnostisch" hinsichtlich einer Epistemologie der objektiven Wirklichkeit und sieht sich vereinbar sowohl mit realistischen bzw. konstruktivistischen als auch mit solipsistischen Positionen. Laut Rosa sei es

> „[…] ganz unerheblich, wie wir uns eine von den erfahrenden Subjekten unabhängigen Wirklichkeit (im Sinne der ‚Dinge an sich') denken, weil es nicht auf diese, sondern auf die Art des Bezogenseins, auf die Weise des In-die-Welt-Gestelltseins ankommt" (ebd.).

Dennoch kann auch die Einnahme dieser Position nicht ignorieren, dass die Frage nach Weltbeziehung eben auch bedeutet, „[…] in welcher Weise [Resonanz] tatsächlich ‚bidirektional' ist, das heißt inwieweit *die Welt* (in ihrer jeweiligen Ausprägung der subjektiven, sozialen und objektiven Welt) *wirklich antwortet*" (ebd.). Gerade dieser Aspekt wird im Laufe der weiteren Argumentation dieser Arbeit eine entscheidende Rolle einnehmen.

Zusammenfassend lässt sich festhalten, dass die Soziologie der Weltbeziehung nach den Weisen des In-die-Welt-Gestelltseins von Subjekten und ihrer Begegnung zur Welt fragt und Resonanz als Modus der gelingenden Weltbeziehung als nicht-essentialistischen Gegenstück zum Begriff der Entfremdung etabliert und sich damit als kritische Theorie versteht. Welt bzw. Weltausschnitt kommt dabei eine ebenso relevante Bedeutung zu, wie dem Subjekt. Dadurch, dass das was als Welt erfahren wird wiederrum als Produkt von Weltbeziehung angesehen wird, wird die Frage nach der ontologischen Qualität des Antwortverhaltens der Welt jedoch umgangen. Daher soll zunächst der Begriff der Weltbeziehung vertieft werden, um anschließend den Begriff der Welt zu konkretisieren.

3.1.2. Modi der Weltbeziehung und Weltbegriff

Der für die Soziologie der Weltbeziehung so zentrale Begriff wird durch Rosa folgendermaßen definiert:

> „Der Begriff Weltbeziehung meint dabei die Art und Weise, wie Menschen in die Welt gestellt sind oder, besser: in der sie sich als in die Welt gestellt erfahren. Diese Stellung oder auch Haltung der Welt gegenüber umfasst sowohl die eher passive Seite der Welterfahrung als auch die aktive Weise des menschlichen Eingreifens in die Welt; mithin also sowohl die Beziehung zu dem, was den handelnden Subjekten entgegenkommt, als auch dem was es zu tun gibt. In dieser […] Perspektive erscheint die Welt dabei zunächst als alles, was begegnet, also die objektive, soziale und subjektive Welt zugleich" (Rosa 2012: 7).

Dieser Begriff umfasst sowohl den subjektiven als auch den objektiven Anteil eines bestimmten konkreten Beziehungsgeschehens, wobei der analytische Fokus auf der Welterfahrung der Subjekte liegt. Anhand dieser subjektiven Welterfahrung lässt sich dieser Begriff nun weiter ausdifferenzieren und in vier Grundformen zerlegen. Erstens beschreibt der Modus „Getragen-sein/Geborgenheit" ein stabiles Gleichgewicht zwischen Subjekt und Welt, in der sich das Subjekt sicher und getragen fühlt. Zweitens beschreibt der Modus „maßvolle Sicherheit" ein semistabiles Gleichgewicht bei dem nur in bestimmten Grenzen ein Gefühl der Geborgenheit herrscht, außerhalb dieser Grenzen die Welt jedoch als fremd, gefährlich und bedrohlich erscheint. Drittens beschreibt der Modus des „Ausgesetzt-seins" ein labiles Gleichgewicht, bei dem jeder Schritt bzw. Ereignis gefährlich und bedrohlich sein kann. Und viertens beschreibt der Modus der „Geworfenheit" ein Weltverhältnis der Indifferenz und Ablehnung, in dem das Subjekt unfähig ist, einen Platz in der Welt einzunehmen und eine Beziehung zu dieser aufzubauen, wodurch sich Subjekt und Welt stumm, ablehnend bis feindlich gegenüberstehen (vgl. Rosa 2012: 387-396). Unterschiedliche Modi von Weltbeziehung konstituieren sich in einem Kontinuum zwischen einer gelingenden Begegnung und Beziehung und einer Erfahrung der Repulsion, in der Welt als nicht erreichbar und feindlich erscheint.

Die Qualität der jeweiligen Weltbeziehung wird durch die beiden Grundformen der Attraktion und der Repulsion gestiftet. Das, was Subjekte begehren und was ihnen als attraktiv erscheint sowie das, vor dem sie sich fürchten und was ihnen feindlich oder gefährlich (bzw. repulsiv) erscheint, motiviert die Entstehung einer Weltbeziehung und ihre konkrete Dynamik. Dabei sind diese Erfahrungsweisen in ihrer konkreten Ausprägung durch kulturelle und gesellschaftliche Ordnungs- und Wertvorstellungen geprägt (vgl. Rosa 2016: 189). Hinzuzufügen ist, dass das Gefühl der Angst dabei als wesentliche existenzielle Erfahrung immer schon Bestandteil von Weltbeziehung ist, die konkrete Welterfahrung mitbegründet und eine „[...] natürliche Reaktion auf eine repulsive Welterfahrung [...] ist" (ebd.: 207). Diese Qualität der Welterfahrung ist um einen bereits angeklungenen prozessualen Aspekt zu erweitern. Da Weltbeziehungen dynamisch sind, lässt sich diese Dynamik in zwei Richtungen beschreiben: So beschreibt der Begriff der Affizierung den Anteil der vom Objekt ausgeht und das Subjekt zu einer bestimmten Reaktion anregt, während der Begriff der Emotion die Bewegung des Subjektes auf das Objekt der Beziehung hin beschreibt (vgl. ebd.: 279-281).

Anhand dieser begrifflichen Grundlage lassen sich nun die so zentralen Begriffe Entfremdung und Resonanz einführen und zusammenfassen. So wird Entfremdung als Form einer Weltbeziehung bezeichnet, „[...] in der Subjekt und Welt einander indifferent oder feindlich (repulsiv) und mithin unverbunden gegenüberstehen" (Rosa 2016: 316). Entfremdung ist ein Zustand in dem „[...] die Welt stets kalt, starr, abweisend und nichtresponsiv erscheint (ebd.)" und folglich der Aufbau einer gelingenden Beziehung misslingt. Der Gegenbegriff zu diesem in der kritischen Theorie zentralen Begriff wird von Rosa als Resonanz bezeichnet. Dies ist ein Beziehungsmodus in dem sich „[…] Subjekt und Welt gegenseitig berühren und zugleich transformieren" (ebd.: 298). Als wechselseitige Antwortbeziehung setzt dies voraus, dass beide Seiten ausreichend geschlossen und offen zugleich sind, um mit eigener Stimme sprechen zu können, aber ebenso für das Gegenüber offen und erreichbar sind. Dieses Beziehungsgeschehen ist in seinem emotionalen Inhalt neutral (vgl. ebd.). Konkretisieren lässt sich dies weiterhin anhand fünf Kriterien, die gegeben sein müssen, um eine Weltbeziehung als Resonanz bezeichnen zu können: Ein durch Affizierung berührt werden des Subjektes, die Erfahrung der Selbstwirksamkeit als ein Berühren und Erreichen können des Anderen, die Erfahrung einer Transformation des Selbst im Beziehungsgeschehen, ein resonanzermöglichender Raum der resonanzaffine Kontextbedingungen besitzt (räumlich, zeitlich, physisch, ästhetisch, sozial) sowie eine konstitutive Unverfügbarkeit, da sich sowohl das Entstehen als auch das Ergebnis einer Resonanzbeziehung nicht erzwingen lässt (vgl. Rosa 2017: 315-316). Resonanz lässt sich damit folgendermaßen zusammenfassen:

> „Resonanz bezeichnet damit ein Geschehen, welches sich zwischen den Polen radikaler Dissonanz und reiner Konsonanz ereignet; es setzt Differenz notwendig und unaufhebbar voraus, erlaubt aber die Hoffnung darauf, und impliziert die Möglichkeit von, ‚anverwandelnder' Transformation, die eben nicht einseitige Aneignung, Assimilation oder Nostrifizierung meint, sondern um den Preis der Veränderung des Eigenen zu haben ist" (ebd.: 319-320).

Weltbeziehungen lassen sich anhand der Differenzierung ihrer Gegenstandsbereiche in drei unterschiedliche Sphären bzw. Resonanzachsen unterteilen – wobei es sich hier nur um eine heuristische Trennung handelt. Diese Sphären durchdringen sich immer schon einander und daher meint der Begriff der Weltbeziehung immer auch eine Selbst-Welt-Beziehung in einem umfassenden Sinne (vgl. Rosa 2016: 339). So beschreibt die horizontale Resonanzachse alle Formen von sozialen Beziehungen, die diagonale Resonanzachse die Beziehung zu materiellen Dingen und Objekten (als konkrete physischen Entitäten), während die vertikale Resonanzachse die Beziehung zur Welt, zur Natur und zum Dasein als Totalität beschreibt (vgl. ebd.: 331). Auf dieser Achse wird dabei das Gegenüber der Beziehung als über das Individuum hinausgehend erfahren: „In vertikalen Resonanzerfahrungen erhält gewissermaßen die Welt selbst eine Stimme" (ebd.).

Diese Konkretisierung der verschiedenen Sphären von Resonanzerfahrungen führt nun zu dem komplementären Begriff von Weltbeziehung. So ist der Begriff Welt im Kontext der Resonanztheorie folgendermaßen definiert:

„Die Welt wiederum lässt sich dann konzeptualisieren *als alles, was begegnet* (oder auch: *was begegnen kann*), sie erscheint als der ultimative Horizont, in dem sich Dinge ereignen können und Objekte auffinden lassen, oder, im Sinne Blumenbergs, als „Metapher für das Ganze der Erfahrbarkeit". Dieses *Ganze* erweist sich dabei allerdings zugleich als mehr und als etwas anderes als die Summe aller Teile: Welt ist das, was jedem Bewusstsein als vorgängig immer schon mitgegeben ist. Im Sinne einer ‚weltenden Subjektivität', wie sich im Anschluss an Heidegger formulieren lässt, finden sich Subjekte immer schon *eingelassen* in oder *umhüllt von* und *bezogen auf* eine *Welt als Ganzes*." (Rosa 2016: 65-66).

Welt ist also der vorgängige und unhintergehbare Raum, auf den Subjektivität immer schon bezogen ist, da sich Subjektivität überhaupt erst aus dieser Bezogenheit heraus konstituiert. Diese Bezogenheit ist dabei genuin spür- und erfahrbar, da sich Subjekte primär durch ihren Leib in eine physische Welt gestellt fühlen und Welt überhaupt nur als solche präsent und gegenwärtig ist. Welt ist dabei engstens mit den Subjekten verbunden und prozessiert durch die verschiedenen Äußerungen des Leibes (Atmung, Hunger etc.) durch diese hindurch (vgl. ebd. 66-67). Für das Verständnis von Weltbeziehung folgt daraus, dass

„[...] diese Beziehungen zunächst existentiell und leiblich fundiert und gestiftet werden und dass die Welt als die immer schon gegenwärtige andere Seite dieser Beziehung uns als Subjekte notgedrungen *etwas angeht*, dass sie *Bedeutung* für uns hat und dass wir uns intentional auf sie gerichtet finden" (ebd.: 68).

In diesem Kontext kommt der äußeren Natur eine wichtige Bedeutung zu, denn sie wird (seit der Moderne) als wesentliche Resonanzsphäre begriffen, die Resonanz zu außersozialen Entitäten ermöglicht – und die vom Menschen benötigt wird. Da Natur als gegeben erscheint, also als nicht vom Menschen gemacht und potenziell unverfügbar gegenüber seinen zweckrationalen Bestrebungen ist, kann sie als eigenständiges und beziehungsstiftendes Gegenüber erscheinen, deren Wirkung die Subjekte als Resonanzquelle erfahren (vgl. Rosa 2014: 127-128, 132). Welt – und als solche auch Natur – bilden damit das konstitutive Gegenüber von Weltbeziehungen und ermöglichen durch die basale, unhintergehbare und bedeutungsvolle Bezogenheit der Subjekte die Erfahrung von Resonanz – welche immer schon in die Erfahrung von Welt eingelassen ist.

3.1.3. Materialität und Unverfügbarkeit in der theoretischen Fundierung von Resonanz

Wie bereits angeklungen ist, ist die Erfahrung von Welt *als* Welt eng mit ihrer physischen Gegenwärtigkeit verbunden. Das Antwortverhältnis zwischen Subjekt und Welt ist (neben sozialen und ideellen Anteilen) vor allem durch ihre Materialität moderiert, welche den Subjekten „[…] entgegentritt, sich widersetzt, mit eigener Stimme spricht, sich aber auch gestalten lässt" (Rosa 2018a: 14). Die Materialität der Welt ist hier vor allem im Bereich der Arbeit und der Dingbeziehungen präsent. So formt sich Subjektivität überhaupt erst durch das Abarbeiten an einem gestaltbaren Stoff, welcher jedoch immer auch über spezifische Eigenschaften und Widerstände verfügt. Erst durch die Tatsache, dass sich Materialität nie vollständig beherrschen oder vorhersehen lässt, ist Resonanz überhaupt möglich. Nur in einer gelingenden Beziehung kann diese *zum Sprechen* gebracht werden (vgl. Rosa 2016: 394-397). Materialität kann dabei entweder als Stoff (z. B. Teig, Holz usw.) oder als konkretes Ding (Werkzeug, Pflanze, Kuscheltier usw.) ein Objekt von Weltbeziehung werden. Es sind insbesondere die Dinge, die resonanzstiftend wirken können, weil „[…] ein Teil von uns (buchstäblich) in die Dinge eingeht, und umgekehrt, dass die Dinge ein Teil von uns werden" (Rosa 2013: 125). Daher gewinnen sie ihre Resonanzqualität maßgeblich „[…] aus ihrer Einbettung in das Lebens- und Weltganze, wie es dem erfahrenden Subjekt und handelnden Subjekt gegenübertritt" (ebd.: 392). Für die Bestimmung von misslingenden Weltbeziehungen ergibt sich daraus zusätzlich:

> „Verdinglichung beschreibt damit die Bewegung aus dem Subjekt heraus: Die Welt wird als stummes Ding behandelt, während Entfremdung die Art und Weise angibt, in der die Welt begegnet oder erfahren wird. Verdinglichung betont damit mithin die internationalistische Seite einer problematischen Weltbeziehung, während Entfremdung deren pathische Kehrseite (und Konsequenz) hervorhebt" (ebd.: 307).

Konkret kann auch die Erzeugung und Verbreitung von Giftstoffen als spezifische Form von Materialität als Ergebnis von Weltbeziehung interpretiert werden: So lassen sich diese als Ergebnis einer Verdinglichung von Materie beschreiben, deren schädliche Wirkung wiederum als Entfremdungserfahrung definiert werden kann (vgl. Rosa 2012: 404; 2018b: 43-46). Die Frage ob Objekte selbst und untereinander entfremdet sein können (und nicht nur als solche durch das Subjekt erfahren werden), gehört dabei zu den offenen konzeptionellen Fragen der Resonanztheorie, welche ein Schlaglicht auf den bisher ungeklärten ontologischen Status von Resonanz wirft (vgl. Rosa 2017: 322-323).

Materialität wird in der Soziologie der Weltbeziehung durch die ihr eigene Widerständigkeit theoretisiert, womit ihr zugleich in begrenztem Sinne eine eigene *Agency*[8] zugesprochen wird. Daher ist diese Eigenschaft eng mit dem für Resonanz konstitutiven Moment der Unverfügbarkeit verbunden. So ist Resonanz nur möglich

> „[...] in Bezug auf einen Weltausschnitt, der mit eigener Stimme spricht, und dass dies notwendig mit Momenten der Unverfügbarkeit und des Widerspruchs einhergeht. Denn Resonanz setzt die Existenz von Nichtanverwandeltem, Fremden und sogar Stummen voraus; erst auf ihrer Basis kann ein Anderes hörbar werden und antworten, ohne dass die Antwort bloßes Echo oder Repetition des Eigenen ist" (Rosa 2016: 317).

Unverfügbarkeit meint zum einen die (bereits angeführte) Unverfügbarkeit der Entstehung und Entwicklung einer Resonanzbeziehung, wodurch Resonanz weder planbar noch erzwingbar ist. Zum anderen ist es aber gerade dieses Kriterium, das seine Begründung wiederum in der materiellen Qualität der Welt findet, denn Materialität entzieht sich einer vollständigen Verdinglichung und ist damit qua ihrer potentiellen Unverfügbarkeit konstitutiv für Resonanz. Gelingt ihre vollständige Verfügbarmachung dennoch, kann diese nicht mehr als konstitutiv für eine Resonanzbeziehung erfahren werden. Das heißt, der Moment der Unverfügbarkeit erfährt – in Bezug auf physische Entitäten – eine *eigentlich* materielle Begründung, da Unverfügbarkeit mit der materiellen Widerständigkeit der Welt eng assoziiert wird. Zusammenfassend ergibt sich daraus, dass Unverfügbarkeit als notwendiges Kriterium eindeutig eine positive Konnotation besitzt, da Unverfügbarkeit ausschließlich als konstitutiv für Resonanz – und nicht als hemmend – beschrieben wird.

3.1.4. Weltverlust als Resonanzkatastrophe

Wie bereits deutlich wurde, zeichnet sich der Begriff Weltbeziehung durch gleichzeitige Perspektivierung von Subjekt, Objekt und die sie miteinander verbindende Beziehung aus: Doch was passiert, wenn diese Beziehung gestört wird – vor allem wenn das Objekt als Gegenüber der Beziehung verloren geht? Wenn – wie erläutert wurde – der Begriff der Entfremdung das Scheitern einer Resonanzerfahrung meint, handelt es sich dennoch um einen Modus von Weltbeziehung, das heißt um eine *Beziehung der Beziehungslosigkeit* in der beide Beziehungsentitäten durch ihre Indifferenz miteinander verbunden sind (vgl. ebd.: 316). Im Folgenden soll dieser Aspekt vertieft werden im Hinblick auf die Frage,

8 Im weitesten Sinn eine Form von Wirkmächtigkeit (vgl. Coole 2014: 29).

ob und wie Weltbeziehungen am Welt-Pol bzw. am Objekt scheitern können und welche Aussagen der Theorieansatz dazu trifft.

So besteht die prinzipielle Möglichkeit des Scheiterns von Weltbeziehung durch die Nichterreichbarkeit der Welt:

> „An der *Welt-Seite* aber scheitern Resonanzbeziehungen, wenn die Welt sich ihrerseits als durchgehend verdinglicht und verhärtet, als erstarrt und solidifiziert erweist, wenn sie weder singt noch schwingt – oder wenn umgekehrt die Bewegungen der Welt so unberechenbar und chaotisch sind, dass in der Kakophonie keine Frequenz oder Stimme auszumachen ist, welche einen ‚Anspruch' zu erheben vermöchte oder ein Resonanzverhältnis aufzubauen erlaubte" (Rosa 2016: 191-192).

Welt kann sich – trotz ihrer konstitutiven Funktion – auch als Hindernis für Weltbeziehung erweisen. Entweder erweist sie sich als vollständig verdinglicht und damit als verstummt, da ihre für Resonanz notwendige *Eigenständigkeit* und Unverfügbarkeit aufgehoben wurde und sie so zur bloßen Echokammer für subjektive Bezugnahme degradiert ist oder durch eine innere Chaotik, die jede mögliche bedeutungsvolle Selbstäußerung verfremdet und so nicht mehr für das Subjekt als solche erfahrbar ist – auch dieser Umstand kann auf Verdinglichungsprozesse zurückgeführt werden. Da das leibliche *in-der-Welt-Sein* grundlegend für die Erfahrung von Welt und Resonanz ist, können Weltbeziehungen auch auf leiblicher Ebene gestört werden, z. B. durch eine Krankheit: „[…] solche Entfremdungsphänomene [treten] natürlich auch im Zuge von Erkrankungen auf, doch erscheint dort primär die Krankheit (der Krebs, das Virus, die Allergie) als Feind auch des eigenen Körpers" (ebd.: 2016: 181).

In beiden Fällen handelt es sich um ein Entfremdungsphänomen, dessen Ursprung nicht in einer resonanzhemmenden Welthaltung des Subjektes zu finden ist, sondern in einer resonanzhemmenden Konstitutionsweise der Welt selbst, deren konkrete Äußerungen als Entfremdung erfahren werden. Dieser Spezialfall von Entfremdung lässt sich als Weltverlust[9] bezeichnen. Dieser Begriff meint ein Stummwerden bzw. Verstummen von Resonanzachsen durch eine nicht mehr gegebene Erreichbarkeit von Welt als resonanzfähiges Gegenüber (vgl. ebd.: 96, 711). Das heißt, wenn Welt *als Welt* für das Subjekt nicht mehr erreichbar ist und aufgrund seiner grundlegenden Bezogenheit auf Welt, ihm als das notwendig erreichbare Gegenüber verloren geht, kommt es zu einer Erfahrung, die sich als Weltverlust definieren lässt. Das Subjekt ist auf

9 Bereits 1963 hatte der Soziologe Dieter Claessens den Begriff Weltverlust in die soziologische Debatte eingeführt, dieses Phänomen als zentrales Problem der Moderne identifiziert und eine analytische Aufgliederung dieses Begriffes vorgeschlagen, auf die im weiteren Verlauf dieser Untersuchung Bezug genommen wird (vgl. Claessens 1963).

sich selbst zurückgeworfen, da seiner Weltbeziehung ihr konstitutives Gegenüber abhandenkommt.

Rosa konkretisiert eine solche Erfahrung anhand Samuel Becketts Stück *Endspiel* (Beckett 2005) von 1956. Beckett beschreibt hier das absurde Verhalten mehrerer Protagonisten während ihrer letzten Lebenstage in einer vollständig leeren und toten Welt:

> „Infolge dessen wird selbst die Frage, wie die Figuren *in die Welt gestellt* sind, problematisch: Sie haben ihren Standpunkt grundsätzlich verloren, wobei sie in einer ‚leichenhaften und grauen', abgestorbenen, postapokalyptischen Welt leben. Hier sind tatsächlich alle denkbaren Resonanzachsen systematisch auf *stumm* gestellt: Die leibliche Weltbeziehung ist pathologisch reduziert, die Natur ist tot, die dingliche Behausung nimmt [...] die Form einer Müllkippe an, und die sozialen Beziehungen sind von kommunikativen Unverständnis, Abneigung und Verachtung geprägt" (ebd.: 530).

Die besondere Bedeutung von Becketts Stück und seine Relevanz im Kontext dieser Arbeit, liegt darin begründet, dass es eindrücklich zeigt, wie sich Subjektivität und Weltbeziehung verändert, wenn Welt selbst nicht mehr erreichbar oder vorhanden ist. So kehrt sich ihre Bezogenheit gegen die Subjekte selbst und ihre Äußerungen nehmen in ihrer vollkommenen Selbstreferentialität eine absurde und bedeutungslose Konnotation an[10]. Da Welt als notwendiges Gegenüber verloren gegangen ist, wird in diesem Kontext der Begriff Weltbeziehung selbst obsolet. Der totale Weltverlust wie ihn Beckett beschreibt, ist damit nicht anderes als eine „*terminale Resonanzkatastrophe*" (ebd.).

Diese Veränderung von Subjektivität, die als eine Folge des Weltverlustes angesehen werden kann, findet ihre Begründung in der Tatsache, dass eine gelingende Ausbildung von Subjektivität nur durch Bejahung möglich ist: „Die Möglichkeit Welt als *gut* zu erfahren, hängt von der Erfahrbarkeit eines konstitutiven Gutes jenseits des menschlichen Zugriffs ab, das als ultimative Quelle der Handlungsmotivation und –inspiration fungieren kann" (Rosa 2014: 137). Daraus folgt, dass das Phänomen des Weltverlustes eben keine Weltbeziehung im *leeren Raum* ohne Folgen für die Subjekte ist, sondern sich Subjektivität durch den Verlust ihres konstitutiven Gutes pathologisch verändern muss. Reso-

10 Daher ist es nicht verwunderlich, dass dieses Stück im Kontext der Deutungsversuche zur Katastrophe von Tschernobyl ein wichtiger Topos ist: „Indem die Figuren des *Endspiels* sich im Umgang mit einer Katastrophe so verhalten, wie es den Zuschauern aus ihrer Alltagspraxis partiell vertraut ist hebt das Drama darauf ab, dass wir uns bereits in einem Zwischenstadium befinden, in dem die das Überleben der Menschheit in Frage stellende globale Katastrophe noch auf sich warten lässt, regional begrenzte Katastrophen (Harrisburg, Tschernobyl, Golfkrieg) jedoch schon mehrfach eingetreten sind" (König 1996: 310).

nanz geht als Erfahrungsqualität der Welt verloren, und damit auch als Möglichkeit im Erfahrungsspektrum der Subjekte. Denn Weltbeziehungen – und damit menschliches Leben – gelingen nur dort,

> „[…] wo Menschen die Welt als ‚antwortend‘, als responsiv erfahren; Selbstbejahung ohne Resonanz scheint mir eine existentielle Unmöglichkeit darzustellen. Der Verlust der Natur als Resonanzsphäre aber könnte zur Folge haben, dass ‚die Welt‘ für den modernen Menschen überhaupt verstummt, er könnte ihm zur Resonanzkatastrophe werden“ (ebd.).

Zusammenfassend lässt sich festhalten, dass der Begriff des Weltverlustes eine vom *Welt-Pol* ausgehende Entfremdungserfahrung meint, da Welt als konstitutives Gegenüber von Resonanz nicht erreichbar ist und damit verloren geht. Dies führt zu einem Verstummen der Resonanzachsen, das in seiner Totalität eine Resonanzkatastrophe darstellt, in der nicht mehr nur bestimmte Weltausschnitte unerreichbar sind, sondern Welt als Ganzes verloren geht. Mit pathologischen Folgen für die Selbstkonstitution der auf Welt angewiesenen Subjekte. Das Projekt der Moderne der Verfügbarmachung von Welt birgt große Gefahren, deren Fluchtpunkt der von Beckett beschriebene totale Weltverlust ist. Denn mit jeder technischen bzw. verdinglichenden Vergrößerung von Weltreichweite (z. B. durch die Produktion von Radionukliden) vergrößert sich auch der Horizont des Nichterreichbaren und Unverfügbaren. Welt wird letztlich unlesbar bzw. unverständlich und entzieht sich damit immer mehr dem subjektiven Beziehungsbedürfnis. Die verlorene Welt wird damit selbst zum Gegner und zur Kränkung (vgl. Rosa 2016: 699-701).

3.2. Theoretische Erweiterung: Die Verknüpfung ausgewählter Begriffe mit dem weltbeziehungstheoretischen Bezugsrahmen

Im folgenden Kapitel sollen nun auf Basis der erläuterten Theorieelemente der Soziologie der Weltbeziehung ausgewählte Aspekte expliziert und vertieft werden, deren Anlage in der bisherigen Erläuterung nur implizit oder am Rande erfolgte. Dabei handelt sich um die epistemologische Bestimmung von Weltbeziehung aus der Perspektive des Kontaktrealismus, daran anknüpfend den – für diese Arbeit so wichtigen Begriff der ontologischen Sicherheit – sowie eine phänomenologische Konkretisierung von Materialität und einen daran anschließenden materiellen Unfallbegriff. Im darauffolgenden Kapitel erfolgt eine Zusammenführung dieser Elemente zu den vier für diese Arbeit zentralen Analysebegriffen.

3.2.1. Realistische Epistemologie und der Begriff der „Ontologischen Sicherheit"

Im Rahmen dieser Arbeit wurde bereits mehrfach kritisch auf den epistemischen Agnostizismus der Resonanztheorie hingewiesen. Daher soll zunächst ein anschlussfähiger epistemischer Standpunkt eingeführt werden, vor dessen Hintergrund es überhaupt erst möglich wird, die nachfolgende Analyse zu entfalten und das eigentlich Problematische am Wesen der Radioaktivität zu perspektivieren.

Wie bereits deutlich wurde, können sich Weltbeziehungen nur in Kontakt zu einem resonanzfähigen Gegenüber ausbilden, wobei Weltbeziehungen immer schon in Welt als Totalität eingelassen sind. Da Subjekte auf basaler Ebene über ihre eigene Leiblichkeit in die Welt gestellt sind und Welt über den physischen Kontakt erfahren, ist es möglich, diesen Aspekt zur Anlage der hier ausgewählten epistemischen Position des Kontaktrealismus (vgl. Taylor/Dreyfus 2016) zu verwenden. Dieser grenzt sich von der Position ab, dass Welt (mit ihren konkreten Entitäten) nur als Repräsentation im Bewusstsein der Subjekte vorhanden sei, was bedeutet, dass Welt nicht direkt erfahren wird, sondern nur als Repräsentation verschiedener sensomotorischer Reize. Demgegenüber formulieren Taylor und Dreyfus die Auffassung, dass *in-der-Welt-Sein* bedeutet, immer schon in unmittelbarem und direktem Kontakt zur Welt zu stehen, da sich das denkende Subjekt nicht außerhalb der Welt befindet, sondern immer auch ein physischer Bestandteil von ihr ist. Wahrnehmung und Bedeutung werden durch Subjekt und Welt koproduziert. Die Erfahrung von Welt gründet „[...] in einem vorbegrifflichen, aber Verstehen beinhaltenden, engagierten Verhältnis zu dieser Umgebung [...]" (ebd.: 138). Welt besitzt immer schon eine Relevanz für die Subjekte, da diese in sie hineingestellt sind und sie *etwas angeht*. Verstehen ist immer auch ein leiblicher Akt, der im direkten Weltkontakt begründet ist:

> „Worin besteht der Kontakt eigentlich? Er besteht darin, dass mein Verständnis der Welt auf der grundlegendsten, vorbegrifflichen Ebene nicht bloß von mir selbst konstruiert oder bestimmt wird. Vielmehr ist es eine »Koproduktion«, die von mir und der Welt zustande gebracht wird. Das ist der Sinn der Feststellung, dass unser Verständnis der Welt auf dieser Ebene nicht in unserem Inneren liegt, sondern in der Interaktion, dem Zwischenraum unseres Umgangs mit den Dingen" (ebd.: 175).

Zusammenfassend lässt sich festhalten, dass sich Verstehen überhaupt erst im realen physischen Kontakt zur Welt herausbilden kann und Welt als solche einen Anteil an diesem Prozess hat. Daher ist auch die Vorstellung verfehlt, „[...] man könne eine Zustandsbeschreibung des Akteurs geben, ohne dabei auf seine Welt Bezug zu nehmen [...]" (ebd.:

177). Diese Vorstellung lässt sich sicherlich auch auf die Beschreibung von Weltbeziehung übertragen: Weltbeziehung lassen sich in ihrer ganzen Dynamik nur beschreiben, wenn Welt als reale, physische und materielle Entitäten in der Interaktion der Subjekte berücksichtigt wird.

Doch welche Eigenschaften muss Welt eigentlich aufweisen, um als Gegenüber eine *stabile* Interaktion gewährleisten zu können? Daran anknüpfend lässt sich ein für diese Arbeit zentraler Begriff einführen: Ontologische Sicherheit. Dieser vom Soziologen Anthony Giddens geprägte Begriff bezeichnet ein „emotional bedeutsames Vertrauen in die Kontinuität und die Ordnung der Dinge, des eigenen Selbst und der Sozialwelt (= Seinsgewissheit)“ (Lamla 2003: 168). Da wir als Subjekte in die Welt gestellt sind, müssen wir uns im buchstäblichen Sinne darauf verlassen können, dass sie stabil ist, uns trägt und verlässlich im Alltagshandeln ist (vgl. Rosa 2016: 83). Diese Eigenschaft „[…] [bildet] den in der Regel unhinterfragten Hintergrund unserer Weltbeziehung“ (ebd.: 93). Daher bezeichnet dieser Begriff ein

> „[…] Zutrauen der meisten Menschen zur Kontinuität ihrer Selbstidentität und zur Konstanz der sie umgebenden sozialen und materiellen Handlungswelt. Grundlegend für die Empfindung der ontologischen Sicherheit ist ein Gefühl der Zuverlässigkeit von Personen und Dingen […]“ (Giddens 1996: 118).

Diese Eigenschaft der Sicherheit bzw. Zuverlässigkeit der Welt ist eine wichtige Grundlage für die Konsistenz der Erfahrung der Subjekte. Erst dadurch, dass die Welt und die Dinge in ihren (phänomenalen) Eigenschaften erfahrbar sind und sich diese nicht plötzlich verändern, entsteht überhaupt ein Gefühl von Konsistenz auf dem die subjektive Welterfahrung aufbaut. Ein wichtiger Aspekt ist dabei die gemeinhin angenommene Identität von Objekt und Ereignis, also das die Eigenschaften und Wirkungen eines Objektes in der Erfahrung konkret auf dieses zurückführbar sind (vgl. Giddens 1991: 55).

Dieses subjektive Vertrauen in die Verlässlichkeit der Welt bedeutet zum einem das Vertrauen in die gesunde Funktion des Leibes und seiner Äußerungen, zum anderen aber auch ein Vertrauen in die äußere Natur: „Es ist das alte Vertrauen, dass die Sonne wieder aufgeht, dass nach dem Winter der Frühling kommt, dass die Erde gut, der Boden fruchtbar ist, die Feldfrüchte essbar und das Wasser trinkbar“ (Böhme 2008: 114). Der Begriff der ontologischen Sicherheit besitzt damit auch eine metaphysischen Aspekt, also ein Vertrauen darin, dass die Welt und ihre Entitäten *gut* sind, das heißt als solche zum Gedeihen des Lebens beitragen und nicht etwa toxisch und schädlich sind. Ontologisches Vertrauen wurzelt also in einer (naiven) Gleichsetzung von Sein und Gutsein (vgl. ebd.: 117).

Eine Störung der ontologischen Sicherheit – „[...] weil etwa plötzlich Lebensgefahr besteht [...]" (Rosa 2016:93) – ist daher eine fundamentale Erschütterung des Subjektes, das die Grundlage seines Weltbildes infrage stellt. Eine solche Störung wird als massive Irritation empfunden, *die einem den Boden unter den Füßen wegzieht* und damit die Möglichkeit von Weltbeziehung plötzlich in Frage stellt (vgl. ebd.: 83). Eine solche Irritation kann beispielsweise die Kontamination von Nahrungsmitteln sein: „Wir in unseren gemäßigten Breiten haben inzwischen diesen Zweifel selbst in die Erde gesät. Sind die ungiftigen Waldpilze *strahlenverseucht*?" (Böhme 2008: 114). Ontologisches Vertrauen kann sich durch Kontamination – beispielsweise durch Radioaktivität – in ontologisches Misstrauen wandeln, weil sich das positiv empfundene Wesen der Dinge selbst umkehrt. Durch den Verlust der Verlässlichkeit der Welt kommt es zu einer Irritation in der leiblich-affektiven Abstimmung zur Welt und damit zu einer Prekarisierung von Weltbeziehung. Der Verlust ontologischer Sicherheit ist damit immer auch ein Weltverlust (vgl. Claessen 1963: 515).

3.2.2. Der Begriff der Materialität

Wie bereits deutlich wurde, spielt der Begriff der Materialität auch eine Rolle in der Soziologie der Weltbeziehung. Ihr kommt in der Fundierung von diagonalen Resonanzerfahrungen eine wichtige Rolle zu und wird insbesondere als Widerständigkeit im Hinblick auf die Bedingung der Unverfügbarkeit spezifiziert. Eine konkrete Bestimmung von dem, was Materialität darüber hinaus ausmacht, wird jedoch nicht gegeben. Daher wird im Rahmen dieser Arbeit ein Materialitätsbegriff benötigt, der zum einen der bereits erläuterten Materialität der Welt Rechnung tragen kann und mit der Erfahrbarkeit physischer Entitäten kongruent ist, zum anderen aber auch dem speziellen Wesen der Radioaktivität – das heißt ihrer vermeidlichen *Unsichtbarkeit* – angemessen ist.

Um einen Begriff zu finden, der diese speziellen analytischen Anforderungen gewachsen ist, ist zunächst eine Abgrenzung gegenüber dem holistischen (bzw. idealistischen) Materiebegriff des *New Materialism* (insbesondere nach Karen Barad) erforderlich, da dieser Begriff von einer radikalen Relationalität aller materialen Phänomene ausgeht und Materie als einen performativen Effekt subjektiver Bezugnahme begreift (vgl. Folkers 2015: 5-6). Dieser Begriff ist hier analytisch ungeeignet, da aus dieser Perspektive nicht die destruktive Wirkung der Radionuklide theoretisiert werden kann, da diese ja unabhängig vom Zutun des Subjekts ihre toxische *Agency* entfalten können und so zum Weltverlust führen. Es ist von eminenter Bedeutung für die Analyse dieser Arbeit, dass der hier gewählte Materialitätsbegriff dem gegenüber in Lage ist, diese materielle *Agency* vom Objekt her zu theoretisieren – z. B. durch die stoffliche Verschmutzung und Verunreinigung der Welt wie sie von Michel Serres thematisiert wurde (vgl. Serres 2009: z.B. 69, 76-77) – und gerade *deshalb* anschlussfähig an die Frage des dadurch veränderten *in-der-Welt-Seins* der Subjekte ist.

Es wird im Anschluss an die Naturphänomenologie Gernot Böhmes ein phänomenologisch inspirierter und chemisch (statt quantenphysikalisch) fundierter Materialitätsbegriff verwendet, welcher insbesondere vom Philosophen und Chemiker Jens Soentgen formuliert wurde. Soentgen definiert Materialität in Abgrenzung zur Materie folgendermaßen:

> „Materialität und Materie scheinen auf den ersten Blick nahezu dasselbe zu bedeuten, dies ist aber nicht der Fall: Der Begriff der Materialität wird gerade in Absetzung vom Begriff der Materie geprägt. ›Die Materie‹ ist ein spekulatives Konstrukt in verschiedenen philosophischen und physikalischen Systemen; Materialität als Reflexionsbegriff ist zwar abstrakt, bezieht sich aber auf Phänomene. Alles, was materiell ist, ist zugleich ein Phänomen, insofern eignen die Merkmale der Phänomenalität auch [die] der Materialität […]. Nicht jedes Phänomen ist allerdings materiell: Klänge und Sonnenstrahlen z. B. sind es nicht“ (Soentgen 2014a: 226).

Materialität ist ebenfalls ein Begriff, der seine Fundierung in Abgrenzung zum Begriff der Materie nicht in intellektuellen Abstraktionen findet, sondern in den phänomenalen Eigenschaften konkret erfahrbarer physischer Phänomene. Demnach sind Radionuklide materiell, die radioaktive Strahlung jedoch immateriell. Dieser Begriff lässt sich nun weiter spezifizieren:

> „Materielle Gebilde sind nie aus irgendeiner neutralen Materie zusammengesetzt, sondern bestehen aus diesem oder jenem konkreten Stoff oder aus Mischungen oder Kombinationen von Stoffen. Und auch diese Stoffe sind keine Varianten, die genetisch aus einer Urmaterie abgeleitet werden können, sondern autonome Einheiten“ (Soentgen 2014b.: 227).

Durch die Übernahme der konkreten phänomenologischen Bestimmung der Eigenschaften von materiellen Dingen und Stoffen (als je konkrete Materialitäten) ist es also möglich, Dinge und nicht-dingliche materielle Entitäten in einem Materialitätsbegriff zusammenzuführen (vgl. Soentgen/Hahn 2011: 25). Materialität besteht immer aus der Mischung konkreter Stoffe, die über je spezifische Eigenschaften verfügen und als solche, autonome Einheiten darstellen.

Auf dieser Grundlage lassen sich nun die phänomenalen Eigenschaften von Stoffen näher beschreiben, um so die Grundlage für die weltbeziehungstheoretische Analyse des Wesens der radioaktiven Stoffe zu legen. So sind Stoffe zunächst einmal materiell, das heißt sie verfügen über eine sinnliche Qualität (Farbe, Geruch, Haptik, Gewicht etc.) und eine kausale Wirksamkeit (vgl. Soentgen 1997: 118). Weiterhin sind Stoffe immer Teil eines größeren Vorkommens: das heißt sie lassen sich niemals vollständig auffinden (wie ein Ding), sondern immer nur als Bestandteil eines Stoffvorkommens bzw. eines Gesamtgebildes. Daher lassen sich Stoffe in ihrer räumlichen Ausdehnung auch niemals (oder nur unter sehr großen Aufwand) vollständig lokalisieren (vgl. ebd.: 90-94). Weiterhin lassen sich Stoffe in beliebige Mengen zerteilen bzw. portionieren, ohne ihre Identität zu verlieren (vgl. ebd. 98-99). Insbesondere verfügen Stoffe qua ihrer chemischen Eigenschaften über spezifische *Neigungen*. Dies sind aktive Möglichkeiten, die sich unter passenden Zustandsbedingungen von selbst realisieren, wie z. B. die Neigung sich mit anderen Stoffen oder Dingen zu verbinden (Reaktivität). Gerade diese Neigung zur Mischung kennzeichnet das Wesen von Stoffen, da sich diese sehr leicht verwirklicht, während eine vollständige Entmischung von Stoffen nur unter großem Aufwand möglich ist (vgl. ebd.: 105-106). In diesem Kontext sei insbesondere auf das Phänomen der Kontamination hingewiesen, welches im folgenden Abschnitt erläutert wird.

Zwei Eigenschaften sind im Rahmen dieser Arbeit von besonderer Bedeutung: Zum einen die Verteilung und zum anderen die räumliche Ausdehnung von Stoffen. So lässt sich die Neigung zur Verteilung auf die bereits beschriebene Neigung zur Mischung zurückführen, da anscheinend alle Stoffe die Eigenschaft besitzen, „[…] sich über die Welt zu verteilen“ (Soentgen 1997: 106). Dieses Phänomen wird als Dissipation bezeichnet und beschreibt – auf Grundlage der Thermodynamik – den *inneren Drang* von materiellen Entitäten über die Zeit zu zerfallen und ihre stofflichen Bestandteile zu zerstreuen. Ein Beispiel dafür ist u. a. radioaktiver Staub, welcher über diese Eigenschaft im besonderen Maße verfügt. Die ungeplante Dissipation von Stoffen in der Welt ist häufig das Ergebnis einer gescheiterten Mobilisierung und Verdinglichung eines Stoffes, die dem Stoff die Gelegenheit gibt, sich in der Umwelt zu verteilen (vgl. Soentgen 2014b: 277-279). Die Gesamtmenge eines räumlich verteilten Stoffes lässt sich auch als *Stofflandschaft* beschreiben, denn der vorkommende Stoff übt hier einen wesentlichen Einfluss auf Erscheinung und Konstitution dieses Weltausschnitts aus (vgl. Soentgen 1997: 143) – wie in der radioaktiven Landschaft von Tschernobyl.

Es lässt sich festhalten, dass materielle Entitäten – und hier spezifiziert als konkrete Stoffe – über spezifische Eigenaktivitäten und Eigendynamiken verfügen, welche zusammenfassend als *Agency* beschrieben werden kann. Stoffe als Materialität verfügen über spezifische phänomenale Eigenschaften: „Man kann sie berühren, wägen, zerteilen, aufbewahren; sie sind ‚im Raum‘, sie sind schwer und träge, sie sind widerständig" (Soentgen 2014b: 275). Und sie verfügen über die Neigung sich zu zerstreuen. Diese Beschreibung materieller *Agency* lässt sich deshalb als phänomenale Konkretisierung des Welt bzw. Objektbegriffes der Resonanztheorie verwenden. So ist die konkrete Erfahrbarkeit einer materiellen Entität nicht nur das Ergebnis einer subjektiven Bezugnahme, sondern ebenso in ihrer *inneren Konstitution* begründet. Materielle Objekte verfügen qua ihrer Stofflichkeit über spezifische Merkmale, welche nicht nur passive Eigenschaften wie Widerständigkeit umfassen, sondern auch aktive Neigungen, wie Verteilung, Zerfall, Ausdehnung und Reaktivität. Diese Eigenschaften können zum einen die Resonanzfähigkeit von Materialität als das Gegenüber von Weltbeziehung begründen, aber ebenso die Möglichkeit von Weltbeziehung von dieser Seite her unterminieren, wie z.B. durch die unkontrollierte Dissipation von toxischen Stoffen in der Welt. Dieser Aspekt wird im Folgenden anhand des Unfallbegriffs dieser Arbeit weiter ausdifferenziert.

3.2.3. Die Begriffe Unfall und Kontamination aus materieller Perspektive

Die Auswahl eines Materialitätsbegriffs, der eine phänomenale *Agency* materieller Entitäten betont, hat auch Auswirkungen auf die für die diese Arbeit so wichtige Definition der Begriffe Risiko und Unfall – sind doch beide aufs Engste mit der sozialwissenschaftlichen Rezeption der Atomkraft verbunden. Ein erster Anhaltspunkt zur näheren Bestimmung dieser Begriffe im Rahmen der Arbeit findet sich wiederum in der Soziologie der Weltbeziehung. So sind die bereits erläuterten Faktoren der materiellen Widerständigkeit und Unverfügbarkeit auch hier relevant, beinhalten sie doch implizit die Möglichkeit, dass dieses *sich Entziehen* des Objektes auch Resonanzerfahrungen unterminieren kann. In Verbindung mit der bereits erläuterten materiellen *Agency* lässt sich so die positive Konnotation dieser Resonanzkriterien theoretisch umkehren, um die Gefährdungsmöglichkeiten durch Materialität selbst hervorzuheben. Damit ist auch eine theoretische Anschlussmöglichkeit zwischen der Soziologie der Weltbeziehung und der Risiko- und Katastrophensoziologie aufgezeigt.

Bevor der materielle Unfallbegriff dieser Arbeit eingeführt werden kann, ist zunächst eine Abgrenzung vom herkömmlichen soziologischen Risikobegriff erforderlich, um dessen Auswahl zu begründen. So beschreibt Ulrich Beck in seiner klassischen Studie *Risikogesellschaft* den Begriff Risiko als Möglichkeit der zivilisatorischen Selbstgefährdung durch nichtintendierte Folgen des technischen Fortschritts. Beck beschreibt den Begriff folgendermaßen:

„Im Gegensatz zu der fassbaren Evidenz von Reichtümern haftet Risiken […] etwas *Irreales* an. Sie sind in einem zentralen Sinne zugleich wirklich und unwirklich. Einerseits sind viele Gefährdungen und Zerstörungen bereits real: verschmutzte und sterbende Gewässer, Zerstörungen des Waldes, neuartige Krankheiten etc. Auf der anderen Seite liegt die eigentliche soziale Wucht des Risikoarguments in *projizierten Gefährdungen der Zukunft*. Das Zentrum des Risikobewusstseins liegt nicht in der Gegenwart, sondern *in der Zukunft*“ (Beck 1986b: 44).

Der Begriff des Risikos beschreibt die soziale Wahrnehmung von potenziellen Gefährdungen. Als solche werden Risiken in der Möglichkeitsform rezipiert und sind eng mit sozialen Normen und Wertvorstellungen verbunden und (zunächst) nicht objektiv gegeben. Was als Risiko gilt und was nicht, ist von sozialen Deutungsmustern abhängig. Risiken werden daher vor allem als soziale Konstruktionen verstanden (vgl. Beck 1988: 145). Doch wie an dem Zitat deutlich wird, verfügen Gefährdungen immer auch über eine materielle Dimension, die beim konkreten Eintreten eines Risikos als reale Gefährdung in den Vordergrund tritt: Aus dem *Risiko* einer Verschmutzung wird die materiell erfahrbare *Realität* einer Verschmutzung.

Hier lässt sich an den bereits eingeführten Begriff der Dissipation anknüpfen. Dieser beschreibt „[…] die Neigung der Stoffe, sich über die Welt zu verteilen. Stoffe verteilen sich von selbst, sind aber nur mit Zeit und Mühe und nie vollständig wieder in den Zustand vor der Verteilung zurückzuholen“ (Soentgen 2014b: 277). Im Rahmen von nie vollständig gelingenden technischen Verdinglichungs- und Verfügbarmachungsprozessen wird Stoffen durch menschlichen Einfluss die Möglichkeit gegeben, sich in der Umwelt zu verteilen (vgl. ebd.: 279). In diesem Zusammenhang beschreibt der Begriff des Risikos im engeren Sinne die Möglichkeit der irreversiblen Verteilung eines (toxischen) Stoffes in der Umwelt – und dessen gesellschaftliche Antizipation.

Ausgehend von diesem Möglichkeitsaspekt lässt sich nun das reale Eintreten dieser irreversiblen Verteilung als *materieller Unfall* beschreiben. Paul Virilio definiert diesen Begriff als ein „[…] unbewusstes Werk, eine Erfindung im Sinne einer Entblößung dessen, was verborgen war – und darauf wartete, sich vor aller Augen zu ereignen“ (Virilio 2005: 23). Im Hinblick auf Stofflichkeit spezifiziert Virilio diese Perspektive als Unfall der Substanz, das heißt als ein Erscheinen bzw. Hervortreten einer Eigenschaft eines Dinges, welche durch eine weitere Eigenschaft dieses Dinges zuvor verborgen bzw. unterdrückt war (vgl. ebd.: 18). Im Hinblick auf radioaktive Stoffe bedeutet dies konkret, dass die gesamten Schutzvorkehrungen wie Stahlmantel, tonnenschwere Reaktordeckel, Brennstabummantelung etc. auch dazu dienen, die Radionuklide an ihrer stofflichen Neigung des Dissipierens zu hindern. Diese Eigenschaft tritt hinter dem Aspekt der Energieerzeugung zurück und realisiert sich erst beim Eintritt des Unfalls.

Der Unfall ist die Realisierung einer stofflichen Gefahr, die in der Freisetzung bzw. in dem Hervortreten einer zuvor unterdrückten stofflichen Eigenschaft (konkret der Dissipation) besteht. Der hier verwendete Unfallbegriff erhält damit eine materielle Fundierung: „Wenn die Erfindung der *Substanz* indirekt die Erfindung des *Unfalls* bedeutet, dann ist dieser umso dramatischer, je bedeutender und leistungsfähiger die Erfindung ist“ (ebd.: 45). Im Hinblick auf die destruktiven und toxischen Eigenschaften hochangereicherter radioaktiver Stoffe bedeutet dies, dass der *größte anzunehmende Unfall* einen maximalen Störfall in einer kerntechnischen Anlage beschreibt. Ursprünglich als technisch beherrschbar eingestuft, haben die Katastrophen von Tschernobyl und Fukushima sowie die vielen anderen Störfälle der Geschichte gezeigt, dass der GAU eben nicht beherrschbar ist und als solcher *Super-GAU* letztlich die Zerstörung der Anlage und die unkontrollierte Freisetzung und Verteilung von radioaktiven Stoffen in der Umwelt bezeichnet (vgl. Radkau 2014: 50-59). Die Erfindung der radioaktiven Substanz bedeutet damit die Erfindung der radioaktiven Kontamination.

Im Gegensatz zur herkömmlichen Risikosoziologie plädiert diese Arbeit dafür „[…] den Unfall endlich ernst zu nehmen“ (Virilio 2005: 26). Und zwar konkret als Realität einer materiellen Kontamination, welche nicht nur als soziale Deutungszuschreibung potenzieller Gefahr verstanden wird, sondern als Realität einer (toxischen) Materialität, welche sich ohne Zutun des Subjektes über die Welt verteilen kann. Materielle *Agency* lässt sich daher nicht vollständig auf soziale Zuschreibungen reduzieren:

> „Wie sollte es zu solchen Problemen kommen, wenn Materialität als weitgehend passiv gedacht wird? Ökologische Probleme entstehen sehr oft deshalb, weil bestimmte Stoffe und Materialien eben nicht nur still und brav das tun, wofür sie produziert wurden, sondern jede Gelegenheit nutzen, um auf eigene Faust zu handeln“ (Soentgen 2014a: 226).

Kontamination ist daher vom Objekt aus betrachtet nichts anderes als die Realität materieller *Agency* (vgl. Polleri 2015: 14), das heißt, die beschriebene Neigung von Stoffen, sich über die Welt zu verteilen und sich mit anderen Stoffen und materiellen Dingen zu vermischen. Der Begriff der Kontamination beschreibt damit dieses Phänomen der Vermischung.

Daraus lässt sich die Prämisse folgern, dass Kontamination auch das *in-der-Welt-Sein* von Subjekten beeinflusst, *weil* sich durch sie die materielle Qualität von Welt selbst verändert. So ist die Verschmutzung des Planeten z. B. durch die Atomindustrie nichts anderes als eine instrumentelle Aneignung von Welt, welche in letzter Konsequenz eine Enteignung von Welt als resonanzfähiges Gegenüber bedeutet (vgl. Serres 2009). Die aufgezählten Atomunfälle sind demnach – wie Perrow zeigte – *normale Unfälle*, weil die technischen Systeme zur Verdinglichung der Radionuklide, die Möglichkeit der irreversiblen Dissipation dieser toxischen Materialität realisieren. Damit lässt sich festhalten, dass aus dieser Perspektive Gefährdungen als das Hervortreten einer unterrückten materiellen *Agency* objektiv existieren und sich nicht vollständig auf soziale Deutungszuschreibungen reduzieren lassen (vgl. Alves 2015: 128). Es ist daher analytisch sinnvoll und geboten, diese *Agency* zu berücksichtigen, um eine neue Perspektive auf das *in-der-Welt-Sein* von Subjekten entwickeln zu können.

3.3. Zusammenfassung des theoretischen Bezugsrahmens: Die analytischen Begriffe Welt, materielle Weltbeziehung, Weltkatastrophe und *Struggle* für Resonanz

Aufgrund der Erläuterung der ausgewählten Theorieelemente aus der Soziologie der Weltbeziehung und der Erläuterung der daran angeknüpften theoretischen Erweiterungen ist nun eine Zusammenführung dieser Begrifflichkeiten möglich, um die vier Analysebegriffe dieser Arbeit abschließend zu definieren. Folgende Begriffe werden definiert: Welt, materielle Weltbeziehung, Weltverlust und *Struggle* für Resonanz. Die Definition dieser Begriffe folgt dabei dem theoretischen Anspruch, die Dynamik von Weltbeziehung auch vonseiten des Objektes her konzeptualisieren zu können. Nur so kann dem Erkenntnisinteresse dieser Arbeit entsprochen werden, dem die Transformation von Weltbeziehung durch die Transformation von Welt selbst gilt. Folgende Definitionen werden aufgestellt:

(1) **Welt:** Der Begriff Welt beschreibt das Ganze der Erfahrung und meint damit den Horizont von Weltbeziehung, in dem sich die einzelnen Entitäten der Welt auffinden lassen. Welt ist damit die unhintergehbare Sphäre aller Formen von Weltbeziehungen. Im Rahmen dieser Arbeit wird Welt (und ihre Entitäten) wiederum als etwas genuin Materielles verstanden. Welt ist erfahrbar, weil sie (und ihre Entitäten) physisch existieren und in direktem Kontakt zum Subjekt stehen. Unter diesem Aspekt lässt sich auch der Leib als Welt beschreiben, die das Subjekt selbst ist. Subjekte stehen qua ihrer Leiblichkeit immer schon in direkten Kontakt zu Welt und sind auf diese bezogen. Die Erfahrung von Welt zeichnet sich unter *normalen* Umständen durch die Erfahrung der ontologischen Sicherheit aus: Die Entitäten der Welt bilden den stabilen Grund von Weltbeziehung, weil sie in

ihrer Konstitution verlässlich und stabil sind, sich also generell nicht plötzlich verändern. Als Materialität verfügt Welt auch über eine eigene *Agency*, die sowohl konstitutiv für Resonanzbeziehungen sein kann, als auch diese unterminieren kann – wie in dieser Arbeit am Beispiel der Radioaktivität diskutiert wird. Dieses stoffliche Prozessieren von Welt ist konstitutiv für die Erfahrung von Welt als eigenständiges Gegenüber und wesentlicher Bestandteil von Weltbeziehungen. Welt kann daher als konstitutives und bedeutungsvolles Gegenüber von subjektiven Weltbeziehungen erfahren werden, wobei konkrete Weltbeziehungen immer auch in das Ganze der Erfahrbarkeit, das heißt in Welt als Totalität, eingelassen sind.

(2) **Materielle Weltbeziehung:** Daran anknüpfend lässt sich unter dem Begriff der materiellen Weltbeziehung eine Gruppe von je subjektiven Welthaltungen und konkreten materiellen Weltausschnitten fassen, in der die Erfahrung von Welt (bzw. einer konkreten Entität, wie etwa einem Ding oder einem Stoff) als etwas genuin Materielles primär ist. Das heißt, das Objekt der Weltbeziehung wird nicht als etwas Passives im Hinblick auf subjektive Deutungszuschreibungen verstanden, sondern die Erfahrung des Objektes in Weltbeziehung zeichnet sich hier durch seine Erfahrung als etwas primär Materielles und damit als etwas, dass über eine eigene *Agency* verfügt, aus. Materialität ist hier nicht als etwas Passives, sondern als etwas Aktives Gegenstand von Weltbeziehung. Wesentlich für diese Definition ist, dass die beschriebenen Eigenschaften von Materialität immer Bestandteil von Weltbeziehungen sind und auf diese doppelt-transformativ wirken. Zum einen wird Materialität durch den ihnen begegnenden Modus von Weltbeziehung transformiert (z. B. durch eine verdinglichende Welthaltung), zum anderen hat aber auch die konkrete Konstitution der Materialität (unabhängig von ihrer zusätzlichen symbolischen Bedeutung) einen transformativen Einfluss auf Weltbeziehung (z. B. durch Toxizität oder Reaktivität). Materielle Weltbeziehungen stehen damit entweder in Bezug zu Materialität oder werden durch diese vermittelt. Materialität hat damit qua ihrer Eigenschaften einen konkreten (und dem symbolischen vorgängigen) transformativen Anteil am Beziehungsgeschehen und beeinflusst durch ihre konkrete Konstitution zu einem gewissen Grad die Möglichkeit von Weltbeziehung überhaupt.

(3) **Weltkatastrophe:** Mit dem Begriff der Weltkatastrophe ist die Unterbrechung bzw. Unterminierung von Weltbeziehung durch die materielle Transformation von Welt und ihrer konkreten Entitäten gemeint. Welt geht nicht nur dem Subjekt verloren, weil etwa dieses seine Welthaltung verändert, sondern kann ebenso verloren gehen, weil sich Welt dem Subjekt entzieht, ohne dass dieses seine Welthal-

tung ändert. Ist Welt als Entität nicht mehr für subjektive Beziehungsbestrebungen erreichbar, kommt es zum Weltverlust: Dem Subjekt fehlt das Objekt zur Etablierung einer Weltbeziehung. Beispielsweise kann dies durch die abrupte Zerstörung der ontologischen Sicherheit, z. B. durch eine hervorgetretene materielle Qualität geschehen. Der Begriff des Weltverlustes geht über das bloße Verstummen von Welt hinaus: Welt kann auch dann verloren gehen, wenn sie weiterhin (oder noch intensiver) mit eigener Stimme spricht – sie entwickelt damit eine Form von *negativer Unverfügbarkeit*. Welt erscheint dem Subjekt dann nicht nur als repulsiv (aufgrund seiner Disposition und Welthaltung), sondern sie ist durch eine wirksame materielle Eigenschaft *tatsächlich* repulsiv – wodurch unabhängig von bestimmten sozialen Deutungsmustern soziale Weltbeziehung unterminiert werden kann. Ist Welt aufgrund bestimmter materieller Eigenschaften als resonanzfähige Entität nicht mehr für Subjekte erreichbar, geht sie diesem folglich als Gegenüber verloren. Dies bedeutet natürlich nicht, dass Welt tatsächlich nicht mehr existent ist, sondern Subjekt und Welt vielmehr in inkommensurable Sphären zerfallen und Resonanz als generelle Möglichkeit von Welterfahrung unterminiert ist. Der Begriff des Weltverlustes meint in diesem Zusammenhang nicht den Verlust eines Weltausschnittes, sondern den Verlust von Welt in seiner Totalität. Damit zerreißt der eigentlich unhintergehbare Horizont von Weltbeziehung und das Subjekt ist auf sich selbst zurückgeworfen – obwohl die Welt und ihre Entitäten objektiv weiterexistieren. Analog zum Begriff der Resonanzkatastrophe soll dieses Phänomen in der folgenden Analyse als Weltkatastrophe beschrieben werden.

(4) ***Struggle* für Resonanz:** Parallel zu den Begriffen der materiellen Weltbeziehung und des Weltverlustes soll zudem ein weiterer Begriff eingeführt werden, welcher den Versuch der Wiedererlangung von bereits verlorener Resonanzqualität beschreibt. Hierbei handelt es sich um einen Aspekt, welcher aus der empirischen Analyse der Zeugenaussagen gewonnen wurde. So beschreiben sie ihre Verlusterfahrung auch im Hinblick auf eine gesteigerte Sensibilität für diese nun nicht mehr erreichbare Welt. Diese Sensibilität wird zum Ausgangspunkt genommen, um nach den verbliebenen Möglichkeiten von Resonanz in einer kontaminierten Welt zu fragen. Diese Wiederaneignung von Resonanz wird als Schwierigkeit und Herausforderung beschrieben. Versuche einer problematischen Wiedererlangung von Resonanz aufgrund der Erfahrung des Weltverlustes sollen daher als *Struggle* beschrieben werden.

Es wird deutlich, dass diese Begriffe logisch eng aufeinander bezogen sind und eine definitorische Trennung nur heuristischer Natur sein kann. Ihre analytische Leistung können diese Begriffe nur durch die folgende empirische Analyse entfalten, die die hier abstrahierten Phänomene an die reale Erfahrung rückbindet. Es erfolgt eine Operationalisierung dieser Begriffe im Rahmen der qualitativen Inhaltsanalyse der Zeugenaussagen, um so nach intensiver Vorbereitung zum analytischen Hauptteil der Arbeit übergehen zu können. Gerade in Bezug zu den Zeugenaussagen erhalten diese abstrakten Begriffe eine anschauliche Fundierung und können ihre analytische Leistung entfalten.

3.4. Analytische Vorgehensweise: Weltbeziehung und Literatur bei Rosa und Alexijewitsch und die strukturierte qualitative Inhaltsanalyse von Zeugenaussagen

Ziel dieser Arbeit ist es, die Erfahrung der Atomkatastrophe von Tschernobyl weltbeziehungstheoretisch zu interpretieren und so der soziologischen Theoriebildung zugänglich zu machen, um dadurch nach dem genuinen Zusammenhang von Sozialität, Materialität und Weltbeziehung zu fragen. Es soll gezeigt werden, dass sich die Dynamik von Weltbeziehungen nicht nur anhand subjektiver Deutungszuschreibungen und Welthaltungen entfaltet, sondern ebenso anhand der Konstitution von Welt – welche als primär materiell beschrieben wurde. Kommt es zu einer materiellen Transformation von Welt, muss es folglich auch zu einer Transformation von Weltbeziehung kommen – so die These dieser Arbeit. Diese Untersuchung ist primär als Theoriearbeit angelegt, sie soll jedoch anhand empirischer Beispiele exemplifiziert und diskutiert werden, um so die theoretischen Schlussfolgerungen der Analyse auf ein belastbares Fundament zu stellen. Daher wird eine empirische Analyse von Zeugenaussagen als Fundierung verwendet[11]. Doch wie kann eine solche Analyse überhaupt durchgeführt werden, wenn es zur Katastrophe weder eine systematische Archivierung von Zeugenaussagen – wie dies z.B. im Falle des Holocaust geschehen ist – noch eine systematische wissenschaftliche Beschäftigung mit dem spärlich vorhandenen Aussagenmaterial gibt?

Eine Lösung für dieses Problem lässt sich wiederum in der Soziologie der Weltbeziehung selbst und konkret im Phänomen der ästhetischen Resonanz finden:

11 Da diese Arbeit über eine explorative Orientierung verfügt und eine neue Perspektive auf die Atomkatastrophe erschließen möchte, ist es zunächst erforderlich, den hier behaupteten theoretischen Zusammenhang zwischen Materialität und Weltbeziehung auf eine argumentativ belastbare Grundlage zu stellen. Daher wird zunächst das hier beschriebene methodische Verfahren gewählt. Dies schließt jedoch eine weitere und umfassendere empirische Überprüfung der vorgelegten Argumentation in weiterer Zukunft nicht aus.

> „Ästhetische Resonanz wird so zu einem Experimentierfeld für die Anverwandlung unterschiedlicher Muster von Weltbeziehung. Ihren reinsten Ausdruck, das heißt nicht durch spezifische Inhalte verzerrten oder beeinflussten Ausdruck finden diese Muster in der Instrumentalmusik sowie in lyrischen Formen, die keine Tätigkeit oder Interaktion schildern, sondern existenzielle Beziehungen zwischen Ich und Welt verhandeln" (Rosa 2016: 483).

Künstlerische Ausdrucksformen sind nach Rosa dazu in der Lage unterschiedliche Muster von Weltbeziehung zu verkörpern und zu transportieren. Demnach finden die unterschiedlichen Weisen und Erfahrungen des subjektiven In-die-Welt-Gestelltseins ihren reinsten Ausdruck in der Lyrik:

> „Den reinsten Ausdruck […] existenzieller Grunderfahrungen finden wir nun meines Erachtens aber in der Dichtung, insbesondere in der Lyrik. Ich bin der Auffassung, dass uns Lyrik und auch Musik deshalb so tief berühren können, weil sie es vermögen, die Weisen des In-die-Welt-Gestelltseins für den Rezipienten nachvollziehbar zu modellieren, zu moderieren und zum Ausdruck zu bringen" (Rosa 2012: 385).

Literatur und Lyrik können qua ihrer spezifischen Ausdrucksweise und ihrer speziellen ästhetischen Form unterschiedliche Welterfahrung anschaulich transportieren (ebd.: 385-392). Daher eignen sie sich hervorragend als empirisches Material für die Analyse von Weltbeziehungen. Nicht nur als Dokument einer spezifischen Welthaltung und -erfahrung des Autors, sondern vielmehr als dokumentarische Quelle von Weltbeziehungen, deren besonderer empirischer Gehalt gerade die Darstellung der Erfahrung von Welt ausmacht. Aufgrund dieses spezifischen Gehaltes eignet sich dieses Material weniger für quantitativ operierende Verfahren der Inhaltsanalyse, aber in besondere Weise für Verfahren der sinnverstehenden Analyse von Weltbeziehungen, deren Gehalte überhaupt nur über qualitative Verfahren zugänglich gemacht werden können.

Im Rahmen dieser Arbeit soll dieses Phänomen der ästhetischen Resonanz im Bereich der Literatur genutzt werden, um einen empirischen Zugang zum Thema der Arbeit zu gewinnen. Es soll ein qualitatives und kategoriengeleitetes Verfahren der Inhaltsanalyse verwendet werden, bei dem konkret literarisch aufbereitete Zeugnisse der Katastrophe wie dokumentarische Prosa, Gedichte und Tagebucheinträge analysiert werden. Damit wird zum einem auf die unzureichende Quellenlage zu Tschernobyl reagiert, zum anderen aber gerade durch die wissenschaftliche Aufwertung *dieser* Quellen als authentisches Material ein direkter Zugang zur Analyse von Weltbeziehungen geschaffen. Damit ist eine forschungspragmatische, ergiebige, aber dem Rahmen dieser Arbeit angemessene empirische Untermauerung der theoretischen Analyse gegeben.

Die Hauptquelle dieser Arbeit ist das Werk der weißrussischen Literaturnobelpreisträgerin (2015) Swetlana Alexijewitsch *Tschernobyl – Eine Chronik der Zukunft*. Alexijewitsch ist nicht nur Chronistin der Katastrophe, sondern selbst Augenzeugin und Betroffene, wodurch ihr Werk eine doppelte Relevanz erhält. Es ist wenig verwunderlich, dass Alexijewitschs Werk, wohl die wichtigste und im Hinblick auf den Erfahrungsgehalt der Katastrophe, eine einzigartige Quelle ist (vgl. Jaeggi 2011: 199). Ihr Buch erschien 1997, zehn Jahre nach der Katastrophe und beschreibt weniger die konkreten Ereignisse, sondern vielmehr die alltäglichen Erfahrungen der Betroffenen in einer radioaktiv kontaminierten Welt, in der sich „[…] das Problem der Stagnation, der Leere, die Tschernobyl hinterlassen hat, mit größerer Schärfe [stellt]“ (Zink 2011: 85). Alexijewitsch bringt in jahrelanger Arbeit die Vielzahl ihrer Interviews mit Betroffenen durch ein spezielles Verfahren der literarischen Aufarbeitung und ihres Arrangements zu einem *polyphonen Chor* diese Stimmen zum Sprechen, wodurch dessen Aussagen das ganze Ausmaß der Katastrophe erkennen lässt (vgl. Hieschler 2018: 22). Sie schildert den eigentlichen Gegenstand ihres Werkes und ihres Schaffens folgendermaßen:

> „Dies ist kein Buch über Tschernobyl, sondern über die Welt von Tschernobyl. Über das Ereignis selbst wurden bereits Tausende Seiten geschrieben und Hunderttausende Filmmeter gedreht. Mich aber beschäftigt das, was ich weggelassene Geschichte nennen würde, die spurlosen Spuren unseres Aufenthalts auf der Erde und in der Zeit. Ich beschreibe und sammle die Alltäglichkeit von Gedanken, Gefühlen, Worten. Ich versuche das Sein der Seele zu ergründen. Das Leben eines gewöhnlichen Tages gewöhnlicher Menschen. Hier aber ist alles ungewöhnlich: Die Umstände, die Menschen, wie sie angesichts der Umstände notgedrungen in einem neuen Raum zu leben lernten. Tschernobyl ist für sie nicht Metapher und Symbol, es ist ihr Zuhause. Wie oft schon hat die Kunst die Apokalypse geprobt, diverse technologische Weltuntergangsszenarien entworfen, doch heute wissen wir: Das Leben ist weit phantastischer!“ (Alexijewitsch 2015: 39-40)

Alexijewitsch beschreibt hier den speziellen Aspekt der Katastrophe, dem ihr ganzes Interesse gilt: die Erfahrungen und Emotionen der Betroffenen, in einer Welt, „[…] die nach der Katastrophe eine andere ist“ (Hielscher 2018: 21). In diesem Zusammenhang sind „Komposition und Narration, Handlung und Stil […] dem Phänomen der nuklearen Katastrophe angepasst, seiner spezifischen Zeitlichkeit, seiner Emotionalität“ (Zink 2018: 198). Mit dem theoretischen Instrumentarium dieser Arbeit lässt sich damit der Erfahrungsgehalt dieser dokumentarischen Prosa als *eigentliche* Frage nach dem veränderten *in-der-Welt-Sein* der Betroffenen durch die Katastrophe reformulieren – womit eine besondere Anschlussfähigkeit dieser Quelle zur Soziologie der Weltbeziehung gegeben ist.

Ihre spezielle Arbeitsweise fasst die Autorin folgendermaßen zusammen:

> „Ich sammle den Alltag von Gefühlen, Gedanken, Worten. Ich sammle das Leben meiner Zeit. Mich interessiert die Geschichte der Seele. Das Leben der Seele. Das, was die große Geschichtsschreibung gewöhnlich auslässt, was sie hochmütig übersieht. Ich beschäftige mich mit der ausgelassenen Geschichte. Oft genug habe ich gehört und höre noch heute, das sei keine Literatur, sondern Dokumentation" (Alexijewitsch 2015b: 8).

Bei dieser ausgelassenen Geschichte handelt es sich konkret um die individuelle Erfahrung unterschiedlicher historischer Ergebnisse wie z.B. dem zweiten Weltkrieg oder der Katastrophe Tschernobyl und ihrem Bedeutungsgehalt im Hinblick auf die allgemeine menschliche Existenz. Als solche können diese subjektiven Erfahrungen nicht Bestandteil einer kollektiven Geschichtsschreibung sein, sind aber für Alexijewitsch ebenso bedeutsam. Sie dokumentiert diese Erfahrungen mithilfe einer umfassenden Erhebung von Interviews, welche sie im weiteren Verlauf literarisch verdichtet und zu *polyphonen Chören* arrangiert, um so den eigentlichen Erfahrungsgehalt noch stärker herausstellen zu können. Ihre Texte bewegen sich in einem Spannungsfeld zwischen *Oral History* und dokumentarischer Prosa: „Alexijewitschs Texte kennzeichnet ein Oszillieren zwischen einem auf Authentizität verpflichteten Dokumentarstil und einem metaphysischen Programm, das literarisch nicht durch dokumentarische Faktographie entfaltet werden kann" (Günther 2018: 96). Die spezielle ästhetische Form ihrer Texte, welche sich durch Verdichtung und Arrangement der verschiedenen Stimmen der Betroffenen auszeichnet ist also eine bewusst eingesetzte Technik, um den authentischen Kern der von ihr dokumentierten Schicksale hervorzuheben. Diese subjektive Erfahrung soll so als eigenständige Dimension der Ereignisse etabliert werden: „Sie bringt die Quellen – sprechende Menschen – zum Sprechen, indem sie sie arrangiert" (Sapper/Tippner/Weichsel: 2018: 3).

Im Anschluss an das einführend beschriebene Phänomen der ästhetischen Resonanz kann die hier vertretene Prämisse begründet werden, dass die besondere literarische Form der verdichteten dokumentarischen Prosa von Alexijewitsch auch und gerade deshalb als empirische Quelle von Weltbeziehungen verwendet werden kann. Ihre Verwendung von individuellen Erfahrungen und Emotionen „[…] as an interpretative lens on world's phenomena […] (Karpusheva 2017: 260), eignet sich in hervorragender Weise als empirische Quelle für den authentischen Nachvollzug von Weltbeziehungen im Kontext von Tschernobyl – und rechtfertigt damit die Auswahl dieser Textgattung für die empirische Analyse.

Die Darstellung Alexijewitschs wird zusätzlich durch vergleichbare dokumentarische Texte ergänzt, um die Belastbarkeit der Argumentation zu steigern. Der Korpus der Arbeit setzt sich aus den folgenden Texten zusammen:

Alexijewitsch, Swetlana (2006): *Stimmen aus Tschernobyl*. In: Aus Politik und Zeitgeschichte, H. 13/2006, S. 3-11.

Alexijewitsch, Swetlana (2015): *Tschernobyl. Eine Chronik der Zukunft*. München/Berlin: Piper.

Boos, Susan (1996): *Beherrschtes Entsetzen. Das Leben in der Ukraine zehn Jahre nach Tschernobyl*. Zürich: Rotpunkt.

Böseke, Harry/Wagner, Berhard (Hrsg.) (1987): *Sind es noch die alten Farben? Nach Tschernobyl: Jugendliche und Erwachsene schreiben*. Weinheim/Basel: Beltz & Gelberg.

Jaeggi, Peter (Hrsg.): *Tschernobyl für immer. Von den Atombombenversuchen im Pazifik bis zum Super-GAU in Fukushima. Ein nukleares Lesebuch*. Zürich: Lenos.

Kluge, Alexander (1996): *Die Wächter des Sarkophags. Zehn Jahre Tschernobyl*. Hamburg: Rotbuch.

Kluge, Alexander (2003): *Die Lücke, die der Teufel lässt. Im Umfeld des neuen Jahrhunderts*. Frankfurt am Main: Suhrkamp.

Kostenko, Lina (1996): *Grenzsteine des Lebens. Gedichte*. Reichelsheim: Brodina-Verlag.

Pjatrovič, Barys (2011): *Unding Tschernobyl. Erinnerung an das Frühjahr 1986*. In: Osteuropa, 61. Jg., H. 7, S. 95-106.

Zur Analyse des Korpus wird die Methode der „inhaltlich strukturierenden qualitativen Inhaltsanalyse“ nach Kuckartz (2014) und Mayring (2015) angewendet. Diese häufig verwendete Variation einer qualitativen Inhaltsanalyse dient – im Gegensatz zur formalen oder typisierenden Inhaltsanalyse – der inhaltlichen Strukturierung des Quellenmaterials anhand zuvor gebildeter Kategorien:

> „Ziel inhaltlicher Strukturierung ist es, bestimmte Themen, Inhalte, Aspekte aus dem Material herauszufiltern und zusammenzufassen. Welche Inhalte aus dem Material extrahiert werden sollen, wird durch theoriegeleitet entwickelte Kategorien und (sofern notwendig) Unterkategorien bezeichnet“ (Mayring 2015: 103).

Diese Analysemethode dient in erster Linie der strukturierten, regelgeleiteten und intersubjektiv nachvollziehbaren Auswahl von Textabschnitten, welche in besonderer Weise geeignet sind, die theoretische Argumentation der Arbeit zu untermauern. Dieses Vorgehen kann jedoch nicht den Standards einer empirischen Analyse genügen, da die zur Veranschaulichung dienende Textanalyse keinen Anspruch auf Vollständigkeit erheben kann. Ebenso kann der genuin subjektive Standpunkt der dokumentarischen Prosa durch die Analyse nicht vollständig überwunden werden, was jedoch auch nicht Ziel der Arbeit ist. Vielmehr soll gerade dieser subjektive Gehalt im Hinblick auf seine weltbeziehungstheoretische Erklärungskraft expliziert werden, um zu zeigen, wie die Transformation von Weltbeziehung durch die Transformation von Welt theoretisch erfasst werden muss. Ziel der Arbeit ist es nicht, eine alleingültige Perspektive auf die Atomkatastrophe von Tschernobyl zu formulieren, sondern einen fundierten Interpretationsvorschlag anzubieten, welcher eine neue Perspektive auf das theoretische Feld Materialität und Weltbeziehung ermöglicht. Als qualitative Analyse genügt dieses Vorgehen damit den engeren Gütekriterien der Bestätigbarkeit, Zuverlässigkeit, Glaubwürdigkeit und Passung, da eine interne Studiengüte vor allem durch eine Dokumentation der Kategorien, der Kodierregeln und des Kodiervorgangs ermöglicht wird.

Die Analyse wird anhand sechs thematischer Kategorien durchgeführt, welche aus den beschrieben Analysebegriffen der Arbeit abgeleitet werden. Die Kategorien 1 und 2 stellen eine Übertragung des Weltbegriffs dar und beschreiben die phänomenale Erscheinung der Radioaktivität (K1) sowie die durch sie induzierten materiellen Veränderung in der Welt (K2). Die Kategorien 3 und 4 übertragen den Begriff der materiellen Weltbeziehung und beschreiben den subjektiven Welt-Bezug in Anbetracht der wahrgenommenen Veränderung (K3) sowie die daraus resultierende Veränderung des Selbst-Welt-Bezugs, das heißt der Rezeption der eigenen Stellung in dieser Welt (K4). Kategorie 5 verbindet den Analysebegriff der Weltkatastrophe mit den konkreten Verlusterfahrungen der Betroffenen (K5), während Kategorie 6 die gesteigerte Sensibilität (K6) der Betroffenen in der Erfahrung des Verlustes mit dem Analysebegriff des *Struggle* für Resonanz verbindet. Für eine genaue Kategoriendefinition siehe den Appendix dieser Untersuchung. Eine Operationalisierung dieser Kategorien erfolgt anhand materieller Qualitäten, der Rezeption und des Weltbegriffes und des Empfindens der eigenen Stellung der Betroffenen in der Welt. Eine Kodierung erfolgt immer dann, wenn eine Textstelle einer dieser Kategorien durch ihren Inhalt entspricht. Es werden Sinnabschnitte kodiert, welche ohne den größeren Kontext des Textes verständlich sind. Jeder Textstelle wird nur einer Kategorie zugeordnet. Es erfolgt keine vollständige Kodierung der ausgewählten Quellen, sondern nur eine Kodierung der Abschnitte, denen im Rahmen dieser Arbeit ein besonderes Interesse zukommt[12].

12 Bei den folgenden Zitationen des ausgewählten Quellenmaterials wird weitgehend auf die Nennung der Namen der konkreten Sprecher verzichtet. Eine Ausnahme bilden lediglich diejenigen Zitate, in denen Swetlana Alexijewitsch selbst ihre eigene Erfahrung der Katastrophe referiert.

4. Analyse: Eine weltbeziehungstheoretische Deutung der Atomkatastrophe von Tschernobyl

In diesem Kapitel wird nun die weltbeziehungstheoretische Analyse der Atomkatastrophe entfaltet. Dabei fließen die Zusammenfassungen der Kategorien, ergänzt durch ausgewählte exemplarische Zitate, direkt in die Analyse ein und werden mit der theoretischen Argumentation der Arbeit verbunden. Es soll gezeigt werden, dass sich Weltbeziehungen auch dann verändern können, wen sich Welt selbst verändert und dieses Phänomen den theoretischen Zugang zur existenziellen Dimension der Katastrophe von Tschernobyl bildet. Das Kapitel gliedert sich in drei Abschnitte: Zunächst wird die Materialität der radioaktiven Stoffe erläutert und die Veränderung von Welt in der radioaktiven Zone beschreiben. Daran knüpft eine Analyse der Rezeption dieser Veränderung sowie des veränderten Selbst-Welt-Verhältnisses in den Aussagen der Zeugen an. Im dritten Abschnitt wird dann gezeigt, wie sich auf dieser Grundlage Weltbeziehung verändert, Resonanzqualität verloren geht und wie diese wiedererlangt werden könnte.

4.1. Welt: Die Transformation von Welt und die Materialität der Katastrophe

Ziel dieses Abschnitts ist es, zunächst eine möglichst genaue Beschreibung der materiell erfahrbaren Aspekte der Katastrophe zugeben, um daran anschließend die Transformation von subjektiven Weltbeziehung in dieser kontaminierten Welt nachzuvollziehen. Der erste Schritt der Analyse wird also vom Objekt aus getan, um sich dann perspektivisch dem Subjekt anzunähern.

4.1.1. Radioaktivität: Ein phänomenales Profil

Logischer Ausgangspunkt dieser Analyse kann nur das phänomenale Wesen der Radioaktivität selbst sein, da es – wie hier angenommen – die Neigungen und Erscheinungsweisen radioaktiver Substanzen in der Welt sind, die die Zone kontaminieren damit überhaupt erst eine Transformation von Weltbeziehung in Tschernobyl in Gang setzen. Radioaktivität wurde als Phänomen in der bisherigen soziologischen Debatte selbst – wenn überhaupt – nur als etwas Unsichtbares und Unerfahrbares[13] thematisiert. Vor dem Hintergrund des im Rahmen dieser Arbeiten formulierten Welt- und Materialitätsbegriffs als etwas konkret Erfahrbares, ist die phänomenale Beschreibung der Erscheinung von radioaktiven Stoffen sinnvoll, da sich nur so ihre spezielle Erscheinungsform von der Konstitution der Welt abheben lässt – und so überhaupt erst ihre destruktive *Agency* erkenn- und theoretisierbar wird. Bisherige Ansätze klammern dies durch die Fokussierung ihrer Unsichtbarkeit aus.

Daher handelt es sich bei dem folgenden Versuch, die Erscheinung der Radioaktivität aus den Aussagen der Zeugen herzuleiten, um ein *Wagnis*, welches seine Berechtigung im ausgewählten Materialitätsbegriff der Arbeit findet. So lassen sich über die von Jens Soentgen postulierten Neigungen von Stoffen, die je nach Stoff und Gemisch individuell sind, sog. „phänomenologische Profile" bilden, welche das Charakteristische eines Stoffes anhand seiner Neigungen und Eigenschaften bestimmt (vgl. Soentgen 1997: 241). Im Folgenden wird näherungsweise eine Beschreibung der phänomenalen Erscheinung radioaktiver Stoffe auf Grundlage der Zeugenaussagen gegeben. Bei der folgenden Darstellung handelt es damit auch um die Zusammenfassung der Kategorie 1 „Phänomenale Erscheinung der Radioaktivität".

Das phänomenale Profil der Radioaktivität lässt sich zunächst einmal in die Eigenschaften der radioaktiven Trägersubstanzen (*Agency*, Dauer) und die Eigenschaft der radioaktiven Strahlung unterteilen. So werden die radioaktiven Substanzen, welche durch die Katastrophe freigesetzt wurden, mit exotischen Farben, wie grelles Grün, Gelb und Weiß, assoziiert. Diese Farben traten kurz nach der Katastrophe im kontaminierten Bereich vermehrt auf und wirkten in der natürlichen Umgebung fremdartig. Alexijewitsch zitiert einen Zeugen mit folgenden Worten:

> „Der warme Aprilregen damals ... Noch nach sieben Jahren erinnere ich mich an den Regen ... Die Tropfen rollten wie Quecksilber. Radioaktive Strahlung soll farblos sein? Die Pfützen waren grün oder grellgelb" (Alexijewitsch 2015: 251).

---

13 So fragte Ulrich Beck in seiner risikosoziologischen Studie: „Was wäre, wenn Radioaktivität jucken würde?" (Beck 1988: 292). Damit impliziert er nicht nur die Unsichtbarkeit dieses materiellen Phänomens, sondern auch, dass der gesellschaftliche Umgang mit dem Risiko der radioaktiven Kontamination anders ausfallen würde, wenn Radioaktivität erfahrbar wäre. Die Position dieser Arbeit unterscheidet sich insofern von dieser Annahme, als das hier davon ausgegangen wird, dass Radioaktivität als Umweltfaktor in gewisser Weise doch erfahrbar ist (wie z.B. bei Erkrankungen) und damit direkten Einfluss auf Weltbeziehungen ausüben kann.

Auch die freigesetzten Substanzen selbst wurden von den Zeugen wahrgenommen[14]. So gibt eine Zeugin eine nahezu exemplarische Beschreibung der Erscheinung der radioaktiven Stoffe, welche auf ihrem Feld lagen:

> „Beim ersten Mal haben sie gesagt, wir hätten die Radioaktivität, wir dachten, das ist eine Krankheit, und wer sie kriegt, stirbt gleich. Nein, sagten sie, das ist etwas, was auf der Erde liegt und in die Erde kriecht, das kann man nicht sehen. Ein Tier kann sie vielleicht sehen und hören, aber nicht der Mensch. *Das stimmt nicht! Ich habe sie gesehen ... Das Caesium hat bei mir im Garten gelegen, bis der Regen es weggeschwemmt hat. Es hatte eine Farbe wie Tinte ... Es lag und glitzerte dort in Klumpen ...* [Herv. d. A.] Ich kam vom Kolchosfeld und ging in meinen Garten ... Und da liegt so ein blaues Stück ... Und 200 Meter weiter noch eins ... So groß wie das Tuch, das ich um den Kopf trage. Ich rief meine Nachbarin, auch die anderen Frauen, und wir haben alles abgesucht. Alle Beete, auch das Feld ringsum ... Zwei Hektar ... Wir haben vielleicht vier große Stücke gefunden ... Und eins war rot ... Am nächsten Tag goss es in Strömen. Von morgens an. Und gegen Mittag war alles weg. Als die Miliz kam, konnten wir ihnen nichts mehr zeigen. Nur schildern. Solche Stücke waren das ... (Sie zeigt es mit den Händen.) Wie mein Kopftuch. Blaue und rote" (ebd.: 56-57).

Diese Schilderung verdeutlicht die Fremdartigkeit der Stoffe in einer natürlichen Umgebung und weist damit direkt auf ihre erfahrbare Erscheinung durch Farbe und Substanz hin. Es wird darüber hinaus eine Darstellung der materiellen *Agency* gegeben, die sich eindeutig als Dissipation beschreiben lässt. Diese *Agency* wird als ebenso fremdartiges Verhalten beschrieben – wie der verzweifelte Unterton im Zitat verdeutlicht. Da viele radioaktive Schwermetalle wasserlöslich sind, erweckte dies den Eindruck, dass die Stoffe sich bewegen könnten, indem sie an einem Ort erscheinen und wieder verschwinden. Jedoch verteilen sich die radioaktiven Substanzen durch Regen und andere natürliche Kreisläufe in immer kleinteiligeren und damit weniger wahrnehmbaren Mengen über die Umwelt. Diese Stoffe werden deshalb als gefährlich empfunden, da

14 Ein anderer Zeuge beschreibt diese *Stofferfahrung* anhand einer Expedition in den zerstörten Reaktor selbst: „Als ich zum ersten Mal unter dem Sarkophag angelangt bin, war ich fasziniert von der absolut unirdischen Farbe. Sie sehen die ganzen Risse. Hier auf der Oberfläche, die von mir betreten wurde, das ist wie auf dem Mond, die Farbe ist gar nicht irdisch. Niemals in meinem Leben habe ich solche Farben gesehen. Ich war begeistert von diesen Farben, von dieser Situation. Es war eine ganz andere Welt. Ich habe vergessen, welche wirklich war. *Unter meinen Füßen waren irgendwelche Arten von Stoffen, die ich niemals gesehen habe, und Farben, die ich niemals erlebt habe* [Herv. d. A.]" (Kluge 1996: 65).

ihre phänomenale Fremdartigkeit als Repräsentation ihrer Toxizität angesehen wird.

Neben der materiellen *Agency* wird auch die zeitliche Dauer radioaktiver Stoffe benannt. So beschreibt Alexijewitsch ihren eigenen Eindruck darüber folgendermaßen:

> „Ich erinnere mich an ein Gespräch mit einem Wissenschaftler. ‚Es dauert über 1000 Jahre', erklärte er. ‚Die Halbwertzeit von Uran 238 beträgt über eine Milliarde Jahre. Und bei Thorium sind es sogar 14 Milliarden Jahre.' 50 ... 100 ... 200 Jahre ... Aber weiter? Weiter reichte mein Vorstellungsvermögen nicht. Ich begriff nicht mehr, was Zeit ist, wo ich war" (ebd.: 161).

Es ist nicht nur das Wissen um die Toxizität der Radioaktivität und die Wahrnehmung fremdartiger Substanzen in der Umwelt, die den Radionukliden ihre Bedrohlichkeit verleiht, sondern auch das Wissen um ihre enorme zeitliche Dauer. Radioaktive Stoffe können demnach nicht durch technische oder natürliche Prozesse gebunden, abgebaut oder unschädlich gemacht werden. Vielmehr verfügen diese selbst über die Neigung zu Zerfallen und im Zeitverlauf ungefährlich zu werden. Diese Halbwertszeit beschreibt eine nahezu „[…] astronomisch lange Zeit" (Alexijewitsch/Virilio 2003: 11), welche soziale und natürliche Eigenzeiten bzw. Zeitrhythmen überlagert und damit in ihrer orientierungsstiftenden Funktion unterminiert. Parallel dazu beschreibt Alexander Kluge diese Eigenschaft als „[...] substantiellen Beharrlichkeit der Natur der radioaktiven Strahlung [...]" (Kluge 1996: 9). Damit entsteht der Eindruck einer „ewigen Gegenwart der Katastrophe", da aufgrund der enormen zeitlichen Dauer der radioaktiven Kontamination es den Betroffenen nicht mehr gelingt, eine zeitliche Distanz zur Katastrophe entwickelt zu können (vgl. Repohl 2018).

Zu diesen – im weitesten Sinne – phänomenalen Eigenschaften der radioaktiven Substanzen, kommt jedoch die Eigenschaft der radioaktiven Strahlung selbst hinzu. So beschreibt Pjatrovic das Problem ihrer Unsichtbarkeit folgendermaßen:

> „[...] und hätte nicht allgemeine Ratlosigkeit und ein Nebel des Nichtwissens über allem gelegen - was wäre schon gewesen? Ein Brand eben, Feuer, Rauch, nichts weiter. Immer noch Sonnenschein und grüne Natur. Strahlung könnte ausgetreten sein? Weil es doch ein Atomkraftwerk sei? Iwo, was denn für eine Strahlung! Wo denn? Zeigt sie uns doch. Da ist nichts. Nichts zu sehen, nichts zu hören, riecht nicht, stinkt nicht, brennt nicht, beißt nicht ..." (Pjatrovic 2011: 98).

Die radioaktive Strahlung wird hier selbst nicht wahrgenommen, das heißt sie wird mit negativen Eigenschaften wie Körperlosigkeit, Geruchlosigkeit, Farblosigkeit und Geräuschlosigkeit assoziiert. Sie ist damit dem biologischen Sensorium des Menschen unzugänglich. Ihre Unsichtbarkeit und Nichtwahrnehmbarkeit wird auf der einen Seite als ungefährlich rezipiert, da ihre Anwesenheit und Wirkung nicht unmittelbar erkennbar ist, auf der anderen Seite wird aber gerade diese Unsichtbarkeit als besonders gefährlich und furchteinflößend beschrieben, wie eine weitere Aussage verdeutlicht:

> „Ist die Radioaktivität daran schuld oder wer? Und wie ist sie? War sie vielleicht mal im Kino zu sehen? Haben Sie sie gesehen? Ist sie weiß oder wie? Welche Farbe hat sie? Einige sagen, dass sie farblos und geruchlos ist, andere sagen, dass sie schwarz ist. Wie Erde! Und wenn sie farblos ist, dann ist sie wie Gott. Gott ist überall, keiner sieht ihn. So jagt man den Leuten Angst ein!" (Alexijewitsch 2015: 82).

Die Unsichtbarkeit der radioaktiven Strahlung wird besonders gefürchtet und mit der Allgegenwart Gottes assoziiert. Diese Allgegenwart wird als negativste Eigenschaft beschrieben, da Radioaktivität potenziell überall ihre toxische Wirkung entfalten kann.

Zusammenfassend lässt sich aus diesen subjektiven Beschreibungen der Radioaktivität ein doppeltes bzw. ambivalentes Erscheinungsprofil ableiten. Auf der einen Seite sind die radioaktiven Substanzen über ihre fremdartige Materialität sehr wohl erfahrbar und für die Betroffenen erkennbar. Auf der anderen Seite ist die eigentliche Wirkung dieser Stoffe – die radioaktive Strahlung – selbst unsichtbar. Deshalb wird die Radioaktivität mit Allgegenwart und Ewigkeit assoziiert. Das bedeutet, dass diese Stoffe demnach über ein *Janusgesicht* verfügen.

Diese phänomenale Beschreibung lässt sich nun vor dem Hintergrund des in dieser Arbeit verwendeten Weltbegriffs und des epistemischen Standpunktes vertiefen. So erhält diese spezielle Form von Materialität seine Bedrohlichkeit überhaupt erst dadurch, dass sie zwar materiell vorhanden, aber sensorisch nur eingeschränkt wahrnehmbar ist. Vor dem Hintergrund einer Welt, welche als primär materiell beschrieben wurde, mit der das Subjekt immer schon verbunden ist und sich überhaupt erst durch diesen basalen Kontakt selbst konstituieren kann, stellt das Phänomen der Radioaktivität eine gegenläufige Erfahrung dar: *Etwas ist da, aber trotzdem nicht wahrnehmbar*. Daher ist es wenig verwunderlich, dass das Wesen der Radioaktivität von den Betroffenen mit der Allgegenwart eines strafenden Gottes assoziiert wurde. Die negative und destruktive Konnotation die diesem Phänomen allgemein und auch in den hier ausgewerteten Zeugenaussagen zukommt, wird überhaupt erst aus diesem basalen, auf physisch erfahrbarem Kontakt basierenden Weltverhältnis heraus verstehbar – und als Problem von Weltbeziehung theoretisierbar.

Aber erst wenn dieser Aspekt mit dem Phänomen der materiellen *Agency* verbunden wird, kann ein theoretischer Standpunkt bezogen werden, vom dem aus die Gefahr der radioaktiven Substanzen nicht nur als soziales Deutungsmuster analysierbar ist, sondern darüber hinaus als objektive Qualität der materiellen Welt zugänglich wird. Erst durch die Einbeziehung des Phänomens der Dissipation wird Kontamination als existenzielles Problem und nicht nur als kulturell kontingentes Deutungsmuster (vgl. Douglas 1988) verstehbar. Wie mit Soentgen und Polleri erläutert wurde, ist Kontamination nicht nur als soziale Zuschreibung (etwas wird als verschmutzt angesehen) relevant, sondern vor allem als in der Umwelt freigesetzte Neigung eines Stoffes, sich zu verteilen und mit anderen materiellen Entitäten irreversibel zu vermischen. Wenn die Zeugen beschreiben, dass obwohl sie die radioaktiven Substanzen selbst gesehen haben, diese nach einiger Zeit verschwunden sind, dann kommt darin auch die Sorge darüber zum Ausdruck, dass sich diese Stoffe *eben* ohne das weitere Zutun des Menschen – quasi von selbst – in der Umwelt verbreiten können. Die Dissipation radioaktiver Stoffe ist damit zunächst einmal eine empirische Tatsache, welche ihre soziale Sprengkraft dadurch entfaltet, dass Radioaktivität zum einen hochgiftig, zum anderen nicht wahrnehmbar ist – und sich diese Substanz von selbst verbreiten kann.

Mit der über Zeit immer stärker zunehmenden radioaktiven Kontamination kommt es damit Schritt für Schritt zu der von Beck postulierten Verdoppelung der Welt. Die Etablierung dieser unsichtbaren Welt erschüttert damit das Kontaktverhältnis zur Welt:

> „Ohne die Souveränität unserer Sinne ist der Traum von Privatheit, Rückzug, Nische ausgeträumt. Unsere Lebensformen und Vorstellungen von Individualität, ‚eigener Entscheidung', ‚eigenem Leben' *beruhen auf einem ungebrochenen, persönlichen Zugriff auf Wirklichkeit* [Herv. d. A.]" (Beck 1986b: 655).

Mit der radioaktiven Kontamination etabliert sich eine neue Form von Wirklichkeit, welche als Materialität zugleich selbst immateriell ist und sich damit grundlegend vom basalen Weltverhältnis des Kontaktes abhebt, dieses aber zugleich durch seine Toxizität unterminiert. Die radioaktiven Stoffe geben nur durch ihre Fremdartigkeit und durch ihre destruktive Wirkung über ihre Anwesenheit selbst Auskunft. Durch die Wahrnehmung von Strahlenschäden kann damit nur *ex negativo* auf die materielle Vorhandenheit der radioaktiven Substanzen geschlossen werden. Durch diese Erfahrung ist der Mensch gezwungen, sich über diese „[...] explosive Offenlegung der radiologischen Hintergrunddimension menschlichen In-der-Welt-Seins [...]" (Sloterdijk 2002: 63) und damit über seinen eigenen Aufenthalt in „Strahlenmilieus" selbst Auskunft zu geben. In den Worten Sloterdijks lässt sich damit das Problem der Radioaktivität im Kontext des vorbegrifflichen Weltkontakts folgendermaßen zusammenfassen:

> „Mit dem nuklearen Explikationsschritt wird die phänomenale Katastrophe endgültig auch zu einer Katastrophe des Phänomenalen. Der Vorstoß der Physiker [...] auf das radioaktive Niveau der Umweltbeeinflussung hat klargemacht, dass etwas in der Luft liegen kann, wovon die heiter atmenden, naiv *kontextsensiblen Weltkinder* [Herv. d. A.] der vornuklearen Ära, die altmenschlichen ‚Zöglinge der Luft', schlechterdings nichts zu bemerken vermochten. Von diesem Einschnitt an ist die Nötigung, Nichtwahrnehmbares wahrzunehmen, wie ein als Drohung verfasstes neues Gesetz über sie verhängt" (ebd.: 59).

Wenn *in-der-Welt-Sein* bedeutet, mit dieser immer schon in einem Kontakt zu stehen, und der zeitgleiche Aufenthalt in *Strahlenmilieus* eine Infragestellung dieses Kontaktverhältnisses notwendig macht, dann folgt daraus, dass sich beide Welten nicht vollständig zur Deckung bringen lassen. Folglich *muss* sich in das Weltverhältnis der Subjekte eine strukturelle Antinomie einschleichen – ein Widerspruch, welcher nicht vollständig aufzulösen ist. Im Folgenden soll nun die konkrete Transformation von Welt durch die radioaktive Kontamination beschrieben werden. Nur auf dieser Grundlage ist es möglich, die Transformation von Weltbeziehung durch die Transformation von Welt sinnvoll darzustellen.

4.1.2. Die Transformation von Welt in der radioaktiv kontaminierten Zone

Um zu verstehen, in welcher Weise radioaktive Substanzen in der Umwelt wirksam sind, ist es erforderlich, sich jene Umwelten anzuschauen, die mit radioaktivem Material kontaminiert worden sind. Diese Bereiche werden allgemein als *Zone* bezeichnet, wie die gesperrten und kontaminierten Zonen rund um die zerstörten AKWs in Tschernobyl oder Fukushima. Der Topos der *Zone* findet seinen Ursprung in der Science-Fiction Literatur, deren Fiktionen bis heute die Vorstellungen von der Realität prägen. So beschreiben die Gebrüder Strugatzki in ihrem Roman *Picknick am Wegesrand* von 1972 zum ersten Mal das Phänomen der Zone:

> „Wenn man die Zone so anschaute, unterschied sie sich in nichts von anderem Gelände. Die Sonne leuchtete hier genau wie anderswo, und nichts schien sich in den vergangenen dreizehn Jahren verändert zu haben. Mein Vater, würde er noch leben, hätte gewiss nichts Außergewöhnliches bemerkt. Das Einzige, was ihn vielleicht verwundert hätte, wäre die Fabrik gewesen, deren Schlote nicht mehr qualmten. [...] Mit einem Wort, eine Industrieland-

schaft. Nur dass die Menschen fehlten, weder Tote noch Lebende gab es hier" (Strugatzki 2013: 20).

Dieses Zitat verdeutlicht nahezu exemplarisch die spätere Charakteristik der realen Sperrzone von Tschernobyl. Deutlich wird hier, dass die Zone ein Ort ist, an dem anscheinend *etwas nicht stimmt*, ein Ort an dem *etwas seltsam ist*, obwohl auf den ersten Blick alles normal wirkt. Diese Irritation inmitten einer scheinbar normalen Umgebung, verleiht dem Phänomen damit eine *unheimliche* und *mysteriöse* Aura. Die Inszenierungen zahlreicher Bücher und Filme – vor allem Andrei Tarkowskis Klassiker *Stalker* (1979) – beeinflussen bis heute die gesellschaftliche Imagination der Zone (vgl. Hoffstadt 2014: 273-275).

Doch über welche Aussagekraft verfügen diese Inszenierungen im Hinblick auf die Realität in Tschernobyl? Alexijewitsch vermerkt hierzu: „Die Zone … Eine Welt für sich … Eine andere Welt inmitten der übrigen Welt … Anfangs eine Erfindung von Science-Fiction-Autoren, aber die Realität übertrifft die Literatur" (Alexijewitsch 2015: 50). Eine Annäherung an dieses Phänomen lässt sich bereits der Bezeichnung selbst entnehmen: So finden sich in der einschlägigen Literatur auch die Bezeichnungen *Sacrifice Zone* (Lerner 2012), *Zone of Exclusion* (Mycio 2005: 69) und *Zone of Alienation* (Brown 2012: 53). Diese Begriffe beschreiben im weitesten Sinne ein Gebiet, das in irgendeiner Form mit toxischen Substanzen belastet wurde und gar nicht bzw. nur eingeschränkt zugänglich ist. Der Begriff der Entfremdung verweist hier auf die affektive Wirkung dieser Orte (vgl. Mycio 2005: 28): Ihre Verlassenheit repräsentiert folglich die pathogene Veränderung dieses Weltausschnittes. Diese *unheimliche* Aura der *Verlassenheit und Seltsamkeit* lässt sich auch in der Realität nicht vollständig leugnen – wie dem folgenden Abschnitt zu entnehmen ist.

Welches Bild ergibt sich nun konkret unter diesem Aspekt der kontinuierlichen Strahlenbelastung im kontaminierten Gebiet selbst? In welcher Weise unterscheidet sich ein radioaktiv kontaminiertes Gebiet von einem unbelasteten, wenn man – wie in Kapitel 4.1.1 gezeigt – annimmt, dass die Radioaktivität ein wirksamer und damit wahrnehmbarer Faktor in der Umwelt ist? Grundlage der folgenden Darstellung sind auch hier die ausgewerteten Aussagen der Betroffenen. Dabei handelt es sich um die Zusammenfassung Kategorie 2 „Phänomenale Veränderung von Welt". Es wird zunächst nur eine Beschreibung der *Welt*, das heißt von den konkreten ökologischen Veränderungen vor Ort selbst gegeben, um im folgenden Abschnitt, die Rezeption dieser Veränderungen in den Aussagen analysieren zu können.

Die Darstellung der phänomenalen Veränderung von dem, was als Welt erfahren wird, folgt dem postulierten *Janusgesicht* der Radioaktivität von Wahrnehmbarkeit/Nicht-Wahrnehmbarkeit. Das heißt, zum einen lassen sich sowohl drastische, als auch subtile Veränderungen in der Umwelt ausmachen, zum anderen bleibt aber trotzdem der Eindruck einer unveränderten Umgebung bestehen. So gibt es im unmittelbaren Katastrophenbereich rund um den Reaktor eine deutlich wahrnehmbare Veränderung von Welt, deren sichtbarstes Zeichen[15] das strahlungsinduzierte Absterben eines Waldes in unmittelbarer Reaktornähe war (der sog. rote Wald) (vgl. Mycio 2005: 37). Im größeren Umkreis um den Reaktor traten hingegen die bereits erläuterten fremdartigen Farben verstärkt auf, wie Pjatrovic beschreibt:

> „Nach dem ersten, ungebremsten Regen säumten orangefarbene Ringe die Pfützen, wie man sie noch nie zuvor gesehen hatte. Die einfache Erklärung dafür lautete, das sei Blütenstaub, beispielsweise von Kastanien. Warum hatte man den früher nie bemerkt? Das Orange, die Farbe der Strahlung, war wohl kein Zufall, mit diesem Gefahrensignal warnte die Natur die Menschen. Die ganze Stadt leuchtete vor ‚Blütenstaub', alle Schlaglöcher wiesen diesen Saum auf, dem man auswich, als strahlten diese Flecken tatsächlich" (Pjatrovic 2011: 104)

Daneben wurden radioaktive Substanzen durch fremdartige Farben (Orange, Gelb, Grün, Glitzern) und Gerüche und Geschmack eine kurze Zeit nach der Katastrophe häufiger genannt. Bereits kurz nach der Explosion und im weiteren Zeitverlauf wurden schon gesundheitliche Reaktionen auf die Strahlenemission durch die Betroffenen verspürt:

> „Alle, ob Erwachsene oder Kinder, alle beschweren sich über Augenschmerzen, Trockenheit im Mund, Brennen und Kratzen im Hals, Schwindelgefühle, quälende Schmerzen in den Arm- und besonders Beingelenken. Ist das Radiophobie? (...) In meinem Gemüsegarten gedieh früher der Kürbis schlecht. 1986 wurde er so groß, dass ich ihn nicht bis zum Haus schleppen konnte. Beim Mais änderte sich die Farbe der Blätter, sie wurden gestreift. Die Kuh brachte ein Ungetüm zur Welt, es wurden Hündchen ohne Schwänze geboren, die Katze bekam ein Junges ohne Haare, das nachher starb; sie auch. Haben die Tiere etwa auch Radiophobie? Haben sie auch Stress?" (Boos 1996: 123)

Es gehörte zur Bewältigungsstrategie der sowjetischen Behörden, offensichtliche Gesundheitsreaktionen der psychischen Verfassung der Betroffenen anzulasten, um die tatsächliche Gefahr leugnen zu können. Je-

15 Die Ruine des zerstörten AKW ist natürlich das weithin deutlichste Zeichen für den Unfall und beeinflusst maßgeblich das Erscheinungsbild der Sperrzone: „Die verfallende Ruine des domestizierten atomaren Zerfalls hatte eine traumatisierende Wirkung: das Atomkraftwerk als Ruine macht schlicht Angst" (Trempler 2012: 79).

doch wiesen vermehrt auftretende Mutationen in der Natur auf die Realität der radioaktiven Kontamination hin. So beschreibt eine weitere Zeugin:

> „An den Föhren wachsen die Nadeln gekringelt oder gekräuselt, übergroß oder winzig und in wildem Durcheinander. Einzelne Bäume weisen bis zu fünfunddreißig Missbildungen auf. Stolz sagt Natascha, nirgendwo auf der Welt habe man bisher an einer einzigen Pflanze derart viele Deformationen gefunden“ (Boos 1996: 17).

Parallel dazu wurde auch der massenhafte Tod von Kleintieren (Vögel, Maulwürfe, Mäuse etc.) als weiterer Hinweis auf die Katastrophe gedeutet. Mit zunehmendem Zeitabstand zum Katstrophenzeitpunkt werden vor allem die subtilen Veränderungen in der Natur – wie z. B. Mutation an Neugeborenen oder Blättern – rezipiert. Diese sichtbaren Mutationen sowie eine höhere Erkrankungsrate und Sterblichkeit von Nutztieren und ihren Nachkommen werden als häufigstes Zeichen für die schädliche Auswirkung der Strahlung genannt. Zum anderen wird auch immer wieder hervorgehoben, dass – vor allem mit größerem zeitlichen Abstand – auf den ersten Blick nichts sichtbar auf die Radioaktivität hinweist – bis auf die überall aufgestellten Warn- und Verbotsschilder, welche diese Aufgabe übernehmen:

> „Ich [streifte] mit dem Auto und auch zu Fuß durch umliegende Wälder. Ganz normaler Wald. Wirklich nichts Besonderes. Das sagen ja alle, die in verseuchten Gebieten leben. Kein sonderbarer Geruch, keine Tiere mit zwei Köpfen. Nachdenklich stimmen nur die Warnschilder. Ich habe Pilze fotografiert. Ganz normale Pilze“ (Jaeggi 2011: 85).

Zusammenfassend lässt sich festhalten, dass besonders sichtbare Zeichen der Radioaktivität vor allem kurz nach der Katastrophe vermehrt auftraten, entweder durch fremdartige Farben oder durch eine höhere Sterblichkeit von Kleintieren und Pflanzen. Im weiteren Zeitverlauf verändert sich dieses Erscheinungsbild. So wandeln sich diese starken sichtbaren Zeichen immer mehr in subtile Erscheinungen, die vor allem an Mutationen von Tieren und Pflanzen, sowie gesundheitlichen Folgen der Betroffenen erkennbar sind. Da viele dieser Erscheinungen nicht auf den ersten Blick ersichtlich sind, drängt sich für einige Betroffene der Eindruck auf, dass eigentlich keine Veränderungen eingetreten sind und lediglich die aufgestellten Warnschilder auf die vermeintlich unsichtbare Radioaktivität hinweisen. Das heißt, dass die ökologischen Veränderungen der Zone ebenfalls der gleichzeitigen Dualität von (subtiler) Wahrnehmbarkeit und (scheinbarer) Nicht-Wahrnehmbarkeit folgen.

Diese ökologischen Schäden ergeben ein Gesamtbild, das der verbreiteten Meinung, die Zone wäre ein *radioökologisches Schutzgebiet*, in dem Natur und bedrohte Arten gedeihen, deutlich widerspricht (vgl. Mousseau/Moller 2011: 39; Achazi 2010: 139). Von überragender ökologischer Bedeutung ist hingegen, „[...] dass der GAU im April stattfand, zum Zeitpunkt des höchsten Wachstums und der Bildung der Reproduktionsorgane bei Pflanzen und der intensivsten Reproduktionsphase vieler Tiere" (Achazi 2010: 125). Viele Populationen sind kurz nach der Katastrophe nahezu zusammengebrochen und zeigten einen Rückgang von bis zu neunzig Prozent. Im weiteren Zeitverlauf kam es nur zu einer langsamen Erholung in Verbindung mit sich ausbreitenden Mutationen und sichtbaren morphologischen Veränderungen, die u.a. die Reproduktivität und Lebensdauer einschränken (vgl. ebd.: 130-139; Mousseau/Moller 2011; Brown 2012: 56). Hinzukommt, dass sich durch die Dissipation der Radioaktivität ein stabiler Nuklidkreislauf etabliert hat, der den Jahreszeiten folgt (vgl. Achazi.: 127). Zusammenfassend lässt sich festhalten, dass trotz der scheinbaren Unversehrtheit der Natur, die Zone ein Ort größter ökologischer Schäden ist, in denen viele Bereiche nahezu ökologisch tot sind und in denen sich das Leben nur unter einem ständigen radioaktiven Selektionsdruck behaupten kann (vgl. Brown 2015: 333-334). Dies führt schließlich zu einer „mutant ecology" – einer „[...] subtle but total transformation of the biosphere" (Masco 2004: 518-520).

Im Hinblick auf das Gesamtbild der Zone folgt daraus – der Beschreibung von Strugatzki nicht unähnlich –, dass die Zone ein Ort ist, der als konkreter materieller Weltausschnitt einer subtilen, aber totalen Transformation unterworfen ist. Durch die Radioaktivität setzt eine transformative Verdoppelung von Welt ein, in der sich (sichtbare) materielle und (unsichtbare) immaterielle Faktoren durchdringen. Als destruktiver und dynamischer Faktor übt die Strahlung damit eine transformative Wirkung auf Welt selbst aus, deren Effekte sich in unterschiedlichsten Folgen für die Subjekte zeigen:

> „They all were and still are affected by something material they cannot see, touch, feel, taste or hear, something invisible that requires the extra-sensory perception of scientific instruments to accord it the status of material reality. Without scientific measuring instruments radiation is 'known' only to our cells and can be recognised only when it shows itself as symptom and thus becomes available as sense data. Its materiality is confirmed at the everyday level when people can see the dying children, the congenital deformities in all affected species, the mutated plants, orangecoloured pine forests without needles; when they become aware of the lack of bird song; when they experience the eerie sounds and feel the ghostly quality of deserted villages and dead forests"(Adam 1998: 199).

Die Zone lässt sich damit als ein Weltausschnitt beschreiben, in dem die grundlegendste und wichtigste Eigenschaft von Welt als resonanzkonstitutives Gegenüber verloren gegangen ist: die ontologische Sicherheit. Die radioaktive Materialität transformiert Welt von einen unmittelbaren Kontaktraum, welcher konstitutiv für subjektive Weltbeziehungen ist, in einen Raum der Repulsivität, weil mit dem Verlust der ontologischen Sicherheit die notwendige Unmittelbarkeit des Weltkontakts verloren geht: dieser Weltausschnitt ist selbst toxisch geworden. Die großen ökologischen Schäden repräsentieren daher den Verlust der ontologischen Sicherheit. Damit fällt das resonanzkonstitutive Verhältnis von Affizierung (durch Welt) und Emotion (durch Wahrnehmung) auseinander:

> „Es gibt wohl niemanden unter uns, dem […] am 1. Mai 1986 nicht bewusstgeworden, diesem Tage, an dem die Natur alle seit je besungene Frühlingsschönheit präsentierte und der zugleich der Tag der höchsten radioaktiven Verseuchung in der Luft war: die schöne Natur ist nicht mehr notwendig die gute Natur“ (Böhme 1989: 41).

Abschließend lässt sich festhalten, dass die Zone damit ein Ort ist, an dem in gewisser Weise tatsächliche andere Naturgesetze herrschen: Nicht etwa wie in der phantastischen Darstellung Strugatzis, sondern in dem Sinne, dass die Zone als Weltausschnitt nicht mehr über die Qualität der ontologischen Sicherheit verfügt. Dies erzeugt die beschriebene strukturelle Antinomie im Weltverhältnis: Obwohl Welt weiter als scheinbar unversehrtes Gegenüber existiert, ist sie als solche – aufgrund ihrer Toxizität – zu einem vollständig repulsiven Gegenüber geworden, womit sie nicht mehr den konstitutiven Horizont für das kontaktsensible Subjekt bilden kann – obwohl sie weiterhin *da* ist. In seiner affektiven Wirkung ist dieser Weltausschnitt damit tatsächlich eine Entfremdungszone.

4.2. Materielle Weltbeziehung: Die Wahrnehmung und Erfahrung von Welt und die Transformation des subjektiven *in-die-Welt-Gestelltseins* nach der Katastrophe

Ziel des folgenden Abschnitts der Analyse ist es, aufgrund der bisher gegebenen phänomenalen Beschreibung der radioaktiven Stoffe und die durch sie induzierte totale Transformation von Welt in der kontaminierten Zone, nun den Blick auf das Subjekt zu lenken. Auf Grundlage dieser bisherigen Beschreibung erfolgt nun eine Darstellung des Subjektes, seiner Welthaltung und Weltbeziehung, welche durch den Verlust der ontologischen Sicherheit ebenfalls einer totalen Transformation unterzogen ist. Im ersten Schritt erfolgt eine Beschreibung der veränderten Rezeption dieses kontaminierten Weltausschnittes im Kontext der radioaktiven Kontamination durch die Zeugen. Daran anknüpfend erfolgt die Analyse der veränderten materiellen Weltbeziehung als eine pathogen transformierte Selbst-Welt-Beziehung.

4.2.1. Die Rezeption des veränderten Welt-Bezuges in den Aussagen der Zeugen

Es erfolgt nun eine Darstellung der veränderten Wahrnehmung von Welt durch die Betroffenen aufgrund der beschriebenen ökologischen Veränderungen in der Zone. Hierbei handelt es sich um die Zusammenfassung der Kategorie 3 „Welt-Bezug". Die Wahrnehmung dieser Veränderung von Welt erfolgt anhand von drei unterschiedlichen Bezugspunkten, die den Kontext der Rezeption dieser Veränderung bilden: Diese gliedern sich in die Rezeption der Natur, die Rezeption der Strahlung in der Natur sowie die Rezeption von Welt (als Totalität) zwischen Verdrängung, Angst und Leere.

Wichtigster Bezugspunkt der Rezeption der Natur ist die bereits beschriebene und verbreitete Wahrnehmung der Tschernobyl-Region vor dem Super-GAU als besonders schöne und naturbelasse Kulturlandschaft. Hinzukommt, dass zum Katastrophenzeitpunkt der Frühling in voller Blüte stand und damit das erwachende Wachstum der Natur als besonders schön empfunden wurde. Vor diesem Hintergrund sind die angeführten Erfahrungen der Einschränkung der Bewegungsfreiheit und der Wahrnehmung des Todes in dieser erblühenden Landschaft zu verorten. So beschreibt Alexijewitsch ihren ersten Eindruck nach der Katastrophe:

> „Die Gärten blühten, das junge Gras leuchtete in der Sonne. Die Vögel sangen. Eine so vertraute Welt. Mein erster Gedanke: Es ist alles noch da, und alles ist wie früher. Dieselbe Erde, dasselbe Wasser, dieselben Bäume. Ihre Form, ihre Farbe und ihr Geruch sind ewig, daran kann niemand etwas ändern. Doch schon am ersten Tag erklärte man mir: Man sollte keine Blumen pflücken, sich lieber nicht auf die Erde setzen, kein Quellwasser trinken" (Alexijewitsch 2006: 4).

Auf den ersten Blick erscheint die vertraute Umgebung – die bisher gewohnte Welt die nun die Zone ist, als vollkommen normal und unbelastet. Dieser Eindruck trügt, ist doch die unmittelbare und spontane Bewegung in dieser Umgebung durch die zahlreichen Verbotsschilder und Sicherheitsvorkehrungen bei Lebensgefahr eingeschränkt. Die beschriebene Wiese, die genannte Quellen, die vertraute Welt sind nun eine radioaktiv kontaminierte Zone:

„Äußerlich sieht man bei uns keine Unterschiede. Die Natur hier ist wunderschön. Man sieht die Radioaktivität nicht. Man hat den Boden untersucht. Er ist verseucht. Alles, was hier produziert wird, alles was angebaut wird, ist verstrahlt. Wenn die Kühe Gras fressen und sie gemolken werden, ist die Milch ebenfalls verstrahlt. Aber wenn jemand von einer anderen Gegend zu uns kommt und nicht weiß, dass hier diese sogenannte Tschernobyl-Zone ist, würde diese Person denken, dass alles ganz normal ist“ (Jaeggi 2011: 143).

Dieses Gefühl der Normalität der Umgebung geht den Betroffenen gerade deshalb verloren, weil trotz der Kontamination der Eindruck der Unversehrtheit bestehen bleibt. Daher nimmt die Sensibilität für diese einst vertraute Welt, für die gewohnte Natur in den Aussagen der Zeugen sogar zu, erhält aber nun eine negative Konnotation. Vor diesem Hintergrund entfalten die Wahrnehmung eines vermehrten Sterbens von Tieren und Pflanzen sowie von Mutationen, deren Unnatürlichkeit und Bedrohlichkeit besonders im Kontext der lebensfrohen Frühlingserfahrung erlebt wird, ihre drastische und erschütternde Wirkung. Die Wahrnehmung des Todes inmitten des Lebens wird damit zu einem deutlichen Zeichen für die Veränderung von Welt. Dadurch entsteht der Eindruck einer widersprüchlichen Erfahrung von Schönheit und Tod, die sich exemplarisch unter dem von einem Zeugen genannten Begriff des „Höllenparadies“ (ebd.: 154) beschreiben lässt.

Die Rezeption der Natur vor dem Hintergrund der Katastrophe veränderte sich insbesondere durch das hinzukommende Wissen um die Strahlung und ihrer Wirkung. Aufgrund der Unsichtbarkeit der Strahlung selbst wird von einer unsichtbaren – *inneren Verletzung* – der natürlichen Entitäten ausgegangen. Das Wissen um diese Verletzungen, das heißt um die Mutationen und den vermehrten Todesfällen, wirft bei den Betroffenen die Frage auf, ob das, was bisher als Natur erfahren wurde, noch immer die vertraute Welt ist – oder nur noch ein radioaktiv verseuchtes Objekt. Dieser Aspekt ist mit einem massiven Gefühl der ontologischen Unsicherheit verbunden:

„Als es gegen Morgen hell wurde, schaute ich mich um und spürte ... ich denke mir das jetzt nicht aus, ich habe das damals tatsächlich gespürt: Etwas hat sich verändert ... Ist anders geworden ... Ganz anders ...“ (Alexijewitsch 2015: 190).

So vermischt sich das (nachvollziehbare) Festhalten an der Vertrautheit der Umgebung – aufgrund ihrer scheinbaren Unversehrtheit – mit einer fundamentalen Unsicherheit hinsichtlich der tatsächlichen Strahlenbelastung und der von ihr ausgehenden Gefahr. Dieses Gefühl verstetigt sich im Zeitverlauf, wie ein Vers der ukrainischen Dichterin Lina Kostenko verdeutlicht:

„Die Dahlien auf der Straße nach Tschernobyl werfen schon das zweite Jahr ihr Unheil ab. Durchsichtiges Entsetzen fingert an den Toren, ob man das Haus wohl noch betreten kann? Tau liegt wie Todesschweiß auf Gräsern, Nüssen. Das meiste Strontium steckt jedoch im Dach aus Stroh. Endlos besungene Dächer der Heimat, einst ihr Schmuck, heute der Strahlung Hort" (Kostenko 1996: 119).

Die Veränderung der Rezeption eines vormals vertrauten und als schön empfundenen Weltausschnittes verändert sich jedoch nicht nur durch das Wissen um die Gefährlichkeit der Radioaktivität, sondern im größeren Maße auch durch die Wahrnehmung der realen Strahlen- und Folgeschäden der Kontamination. Zu den bereits beschriebenen Veränderungen in der Natur kommen ebenfalls subtile Veränderungen in ihrer eigentlichen Wahrnehmungsqualität hinzu, wie folgendes Zitat verdeutlicht:

„Ich frage meine Leute, wir waren zu dritt: ‚Sagt mal, wie duftet der Apfelbaum?' ... ‚Der duftet überhaupt nicht.' Etwas war mit uns geschehen ... Der Flieder duftete nicht ... Der Flieder! ... *Ich hatte auf einmal das Gefühl, dass alles ringsum so unwirklich ist, dass ich mitten in einer Kulisse stehe ...* [Herv. d. A.] Und ich begreife das nicht, ich bin dazu unfähig. Ich habe auch nirgendwo darüber gelesen ..." (Alexijewitsch 2015: 144).

Durch den Verlust einzelner, oftmals unbewusster da als selbstverständlich erlebter, Erfahrungsqualitäten destabilisiert sich das gesamte Erleben des Weltausschnittes der Betroffenen. Durch den teilweisen Verlust der sinnlichen Affektivität einzelner Weltentitäten, entsteht ein Gefühl der Unwirklichkeit des gesamten Weltausschnittes, wie der Vergleich mit einer Kulisse beispielhaft illustriert. Neben der Wahrnehmung dieser subtilen Veränderung manifestiert sich dieses Gefühl der Unwirklichkeit jedoch auch anhand massiver und drastischer Schäden in der Umwelt, welche auf die brachialen Dekontaminierungsarbeiten zurückzuführen sind. Im Zuge der Dekontamination ganzer Landstriche wurden verseuchte Objekte wie Häuser und Fahrzeuge zerstört, Wälder gerodet und der Boden abgetragen. Notwendig wurde diese Vorgehensweise, da die radioaktiven Substanzen – wie zuvor beschrieben – sich irreversibel mit anderen materiellen Entitäten verbinden. Dekontamination ist eine euphemistische Beschreibung für Zerstörung und Entsorgung – wie im folgenden Abschnitt detailliert erläutert werden wird. Ein Zeuge beschreibt seinen Eindruck dieser Transformation der Welt von etwas Lebendigem in etwas Totes folgendermaßen:

„Ich weiß noch, einmal kam ich von einer Dienstreise zurück. Eine richtige Mondlandschaft ... Bis zum Horizont zogen sich zu beiden Seiten der Straße Felder hin, die mit weißem Dolomit überzogen waren. Die oberste Bodenschicht war abgetragen und vergraben und darüber Dolomit geschüttet wor-

> den. Es hatte was *Unirdisches* ... [Herv. d. A.]“ (Alexijewitsch 2015: 119-120).

Aufgrund dieser Erfahrungen, veränderte sich die Rezeption von Welt in den Aussagen zunehmend: Mit steigender Strahlenexposition und ökologischer Zerstörung wird Welt (und Natur) mehr und mehr als etwas Unbekanntes und Irreales rezipiert.

Interessanterweise findet sich im Kontext dieser Rezeption auch eine zugleich zunehmende Rezeption von Welt als Totalität bzw. als Ganzes der Erfahrung. Vor diesem Hintergrund beschreiben die Zeugen ihre Reaktion auf die Katastrophe im Spannungsfeld zwischen Verdrängung, da die vertraute Umgebung nach wie vor als unbelastet erscheint, und Angst, da insbesondere das Abtragen der hochkontaminierten Bereiche und die Evakuierung der Dörfer die prägenden Erfahrungen der Katastrophe waren. Daran schließt sich eine Erfahrung von Leere an, die durch die Wahrnehmung vormals belebter Häuser, Gärten und Wälder entsteht, welche weiterhin blühen und gedeihen – aber ohne *gebraucht* zu werden. Die Zone wird dadurch zu einem Ort, an dem Menschen nicht mehr leben können. Innerhalb dieses Spannungsfeldes eröffnet sich für die Zeugen nun die Perspektive auf Welt als Ganzes der Erfahrbarkeit, welche vorher als Selbstverständlichkeit angesehen wurde, wie Alexijewitsch bemerkt:

> „Früher haben wir die Welt um uns herum nicht bemerkt, sie war wie der Himmel, wie die Luft, so als hätte sie uns jemand für alle Ewigkeit gegeben, und sie hing nicht von uns ab. Sie würde immer da sein [Herv. d. A.]. Früher lag ich gerne im Wald, im Gras und schaute in den Himmel, da war mir wohl, da vergaß ich fast, wie ich heiße. Und jetzt? Der Wald ist schön, voller Blaubeeren, aber keiner pflückt sie. Im herbstlichen Wald hört man nur noch selten eine menschliche Stimme. Angst in den Empfindungen, im Unterbewusstsein ...“ (Alexijewitsch 2015: 156).

Das heißt, erst durch die Katastrophe und die radioaktive Kontamination tritt Welt als Horizont des basalen Kontaktverhältnisses in den Vordergrund: Im Moment der Prekarisierung der notwendigen Unmittelbarkeit des Weltverhältnisses tritt Welt überhaupt erst als eine solche Notwendigkeit ins Bewusstsein der Betroffenen. Durch den Verlust der ontologischen Sicherheit wird Welt als Ganzes der Erfahrbarkeit für die Zeugen überhaupt erst erkennbar – und damit ihre eigene Involviertheit, welche nun von Angst und Verlusterfahrungen geprägt ist. Durch die Toxizität wird Welt als repulsiv erfahren:

> „Töten konnte das abgemähte Heu. Der geangelte Fisch, das gefangene Wild. Ein Apfel ... Die Welt um uns herum, uns früher so gefügig und freundlich gesinnt, flößte nun Angst ein“ (Alexijewitsch 2015: 44).

Den Betroffenen wird damit bewusst, dass die eigentliche Dimension der Katastrophe nicht auf ökologische oder soziale Schäden beschränkt ist, sondern Welt als Ganzes der Erfahrbarkeit infrage stellt. Eine Zeugin verleiht ihrem Erstaunen über diese Dimensionalität der Katastrophe wie folgt Ausdruck:

> „Am stärksten beeindruckt war ich, als klar wurde, dass es sich um eine *Weltkatastrophe* [Herv. d. A.] handelt. Die ersten Jahre wurde vieles verheimlicht. Es wurde berichtet, dass es hier und dort bloß ein bisschen verseucht sei" (Jaeggi 2011: 137).

Die radioaktive Kontamination ist damit nicht nur eine ökologische Schädigung, sondern in ihrer gesamten – auch sozialen – Tragweite eine Weltkatastrophe im hier definierten Sinne des Wortes, die das Ganze der Erfahrbarkeit und damit *genuin* die Möglichkeit von gelingenden Weltbeziehungen betrifft. Durch den Verlust der Unmittelbarkeit und ontologischen Sicherheit des Weltausschnitts tritt dieser Erfahrungshorizont überhaupt erst in das Bewusstsein der Betroffenen.

Wie beschrieben wurde, bedeutet diese Verdoppelung der Welt keine genuine Zerstörung von Welt, sondern ihre totale Transformation: Die Normalität der vertrauten Umgebung und die toxische und *irreale* Welt der Strahlung durchdringen sich wechselseitig, mit weitreichenden Folgen für die reale Erfahrungsqualität dieses Weltausschnitts. In der Wahrnehmung der Betroffenen verschmelzen damit die Pole von Schönheit bzw. Lebendigkeit und Tod miteinander, wodurch eine Verkehrung positiver erfahrbarer Qualitäten in ihr negatives, gleichermaßen bedrohliches Gegenteil erlebt wird. Alexijewitsch verdeutlicht diese Umkehrung der Erfahrungsqualität dieses Weltausschnitts exemplarisch:

> „Meine erste Fahrt in die Zone ... Unterwegs dachte ich, dort würde alles mit grauer Asche bestäubt sein. Mit schwarzem Ruß. Dort aber war es schön. Wunderschön! Blühende Wiesen, die Wälder in zartem, jungem Grün. Diese Zeit mag ich besonders. Wenn alles zum Leben erwacht, wächst und singt. Das hat mich am meisten verblüfft – diese Verbindung von Schönheit und Angst. Die Angst war nicht mehr von der Schönheit zu trennen und die Schönheit nicht von der Angst. *Alles war ins Gegenteil verkehrt* [Herv. d. A.]" (Alexijewitsch 2006: 8).

Es lässt sich festhalten, dass mit der Katastrophe *Alles* anders geworden ist (vgl. Alexijewitsch/Virilio 2003: 11). Durch die Radioaktivität und der von ihr erzeugten strukturellen Antinomie im Weltverhältnis der Betroffenen verändert sich die Rezeption dieser kontaminierten und geschädigten Welt. Der Verlust der ontologischen Sicherheit führt zu einer Prekarisierung des Weltverhältnisses, in dessen Folge Welt überhaupt erst als Welt im hier definierten Sinne ins Bewusstsein gerät. Jedoch verliert Welt bzw. die vertraute Natur nicht vollständig ihre resonanzkonstitutive Antwortqualität – da auch weiterhin Bereiche als normal erscheinen können –, *aber* insgesamt wird Welt nicht mehr als antwortend erfahren, da die notwendige Unmittelbarkeit des Affiziertwerdens durch Welt fundamental beeinträchtigt ist (vgl. Rosa 2014: 137). Der Verlust der ontologischen Sicherheit führt zu einer Selbstbeschränkung und Verunsicherung im Weltverhältnis der Betroffenen, deren sichtbare und affektive Repräsentation die subtilen Veränderungen in der einst vertrauten Umgebung sind. Welt erscheint als irreal und damit als nicht-responsiv. Mit Hans Blumenberg lässt sich diese Veränderung im Weltverhältnis als ein „Unbehagen in der Natur" aufgrund der radioaktiven Kontamination zusammenfassend beschreiben: „Dieser sechste Sinn eines immer wachen Misstrauens spürt das Unbehagen noch in der reinsten Waldesluft, für ihn hat die Natur den letzten Rest von idyllischen Möglichkeiten verloren" (Blumenberg 2015: 56).

Doch trotz dieser fundamentalen Veränderung im Weltverhältnis der Betroffenen muss ebenso konstatiert werden, dass „Tschernobyl lebt" (Plate 2006). Noch immer leben Menschen in und um die radioaktive Zone und müssen sich mit den Folgen der Strahlung arrangieren:

> „Zwar ist das Leben nicht vollständig aus den betroffenen Gebieten verschwunden, aber es hat sich seiner biologischen, psychischen, sozialen und kulturellen Dimension verändert. Diese Veränderung ist ebenso unsichtbar wie die Strahlung, doch sie bleibt in jedem Wort, in jeder ängstlich angespannten Geste erhalten" (Pena-Vega 2011: 75).

Es stellt sich nun die Frage, welche Folgen diese beschriebene Transformation von Welt für das konkrete in-der-Welt-Sein der Betroffenen hat, wie sich ihre Weltbeziehung verändert und ob Resonanz unter diesen Umständen überhaupt noch möglich ist. Im Folgenden wird zu zeigen sein, ob es sich bei einer Selbst-Welt-Beziehung ohne resonanzkonstitutives Weltgegenüber tatsächlich, um eine „[...] existentielle Unmöglichkeit [...]" (Rosa 2014: 137) handelt oder ob nicht vielmehr das „Leben in einer Welt der Verbote" (Pena-Vega 2011: 71), selbst eine Transformation von subjektiven Weltbeziehungen bewirkt. Mit der Darstellung der Transformation von Welt in der Entfremdungszone ist damit die erste Hälfte der Analyse abgeschlossen, womit nun der Blick auf die Transformation der subjektiven Weltbeziehungen geworfen werden kann und die hier aufgeworfenen Fragen beantwortet werden können.

4.2.2. Die Rezeption des veränderten Selbst-Welt-Bezuges in den Aussagen der Zeugen

Dieser Abschnitt soll zeigen, wie sich das Selbst-Welt-Verhältnis der Betroffenen durch die erläuterte materielle Transformation von Welt in der Zone verändert. Hierzu wurde der analytische Begriff der materiellen Weltbeziehung formuliert, welcher eine Klasse von konkreten Weltbeziehungen beschreibt, in der die Erfahrung von Welt durch konkrete materielle Dinge, Lebewesen und Stoffe als etwas genuin Materielles primär ist. Das heißt, dass diese Form von Weltbeziehung durch die konkrete Erfahrung materieller Entitäten vermittelt ist und deren materielle Konstitutionen einen maßgeblichen Einfluss auf das Beziehungsgeschehen ausüben. Daher sind unter dieser Perspektive ebenso leiblich-affektive Aspekte, wie auch das Kriterium der Selbstwirksamkeit besonders relevant. Im Folgenden wird zunächst eine Beschreibung der Rezeption der eigenen Stellung in der kontaminierten Welt durch die Betroffenen gegeben. Dies ist die Zusammenfassung der Kategorie 4 „Selbst-Welt-Bezug". Diese unterteilt sich erstens in die leiblich-emotionale Weltbeziehung, welche in die Rezeption von Emotion und Leib unterteilt ist und zweitens in die tätige Selbstwirksamkeit sowie die Umkehrung des Zweckes von Tätigkeit.

So beschreibt der Aspekt des leiblich-emotionalen Weltbezugs die Veränderung der Selbstwahrnehmung der Subjekte als leibliche und emotionale Wesen aufgrund des Wissens um die Anwesenheit und Bedrohung der Strahlung. Mit diesem Wissen und der Wahrnehmung der Veränderungen der unmittelbaren Umgebung verändern sich auch die vorherrschenden Emotionen der Betroffenen. Zunächst stellten sich Sprachlosigkeit und Hilflosigkeit in Anbetracht der Unfasslichkeit der Katastrophe ein, welche sich im Verlauf zu einem starken Angstgefühl gegenüber der Welt selbst entwickelt, da potentiell jede Handlung und jedes Ding mit einer Gefahr verbunden ist. Folgender Tagebucheintrag gibt eine exemplarische Beschreibung dieses Gefühls:

> „10. Mai 1986: Die letzten Tage waren so geil. Ich hatte so viel Spaß am Dasein und am Erleben, aber der Schatten der Tschernobyl-Katastrophe liegt einfach über allem. Was ich tue, denke, erlebe, unternehme, esse, trinke, es lässt mich nicht mehr los. Ich hab keinen Bock, Kinder in diese Welt zu setzen, viel Hoffnung auf Besserung hab ich nicht mehr, möchte aber trotzdem, dass die AKW's gestoppt werden. Hoffnungsschimmer Angst. Einschränkungen hinnehmen für die Natur, die Menschen, die Welt von morgen, für die Kinder ... Das darf doch nicht schwierig sein!? Würde gerne barfuß durch Wiesen laufen, überhaupt spazieren gehen in Feldern, Wiesen, Wäldern, Grillfeten machen, schwimmen, die ‚frische' Luft einatmen ohne Angst, in kurzen Hosen durch den Regen laufen, Joghurt mit Müsli essen, Milch trin-

ken, keine Angst haben vor dem, was ich esse, trinke, atme, spüre. Zu spät?!" (Böseke/Wagner 1987: 24).

Dieses Gefühl des Unvermögens und der Bedrohung in den alltäglichsten Handlungen wird durch ein Gefühl des Misstrauens gegenüber einer (potenziell) verstrahlten Welt ausgelöst, von der die Betroffenen nicht wissen können, ob es wirklich die *freundliche Umgebung* ist oder eine kontaminierte Zone. Folgendes Gedicht verleiht diesem Misstrauen exemplarischen Ausdruck (Böseke/Wagner 1987: 38):

Sind es noch die alten Farben
Wir freuen uns der ersten Tage
die wieder Wärme bringen
Wir bewundern das leuchtende Grün
der frischen Blätter
Wir sind geneigt
uns rundum zufrieden zu fühlen
Und doch ist da eine Spur Mißtrauen
Sind das Wärme und Farben
von denen man liest in alten Gedichten
oder nur der falsche Glanz
von schweren Metallen und Giften

Jetzt scheint uns selbst
der Schimmer in unseren Augen
nur die Spiegelung verdrängter Angst

Diese ausgeprägten Gefühle resultieren als Folge aus einer fundamentalen Erschütterung der Betroffenen in ihrem Dasein – in der das für Weltbeziehung grundlegende Verhältnis von Emotion und Affizierung unterbrochen ist. Diese Gefühle schlagen sich in Reaktionen wie Verdrängung, Unverständnis und Vorsicht nieder, welche dazu führen, dass die Betroffenen aus Selbstschutzgründen auf Distanz zur kontaminierten Welt gehen und einen direkten Kontakt mit den verstrahlten Bereichen, ihren Objekten und damit verbundenen Handlungen meiden. Angst und Depressionen formen die eigene Wahrnehmung in dieser Welt mit weitreichenden Auswirkungen:

„Wir haben Angst vor allem ... Angst um die Kinder ... Um unsere Enkel, die es noch gar nicht gibt ... Sie sind noch nicht geboren, und wir bangen schon um sie ... Die Menschen lächeln weniger, singen nicht, so wie früher an Feiertagen. Nicht nur die Landschaft verändert sich, wenn statt der Felder wieder Wälder und Gehölze wachsen, auch der nationale Charakter ändert sich. Alle leiden unter Depressionen ... Hoffnungslosigkeit macht sich breit." (Alexijewitsch 2015: 237).

Da die Strahlung nicht nur eine Veränderung von Perspektiven und Wahrnehmungsweisen auslöst, sondern ein materiell wirksamer Faktor in der Welt ist, lässt sich ihre Wirkung im Selbst-Welt-Verhältnis nicht auf diese subjektiven Deutungsmuster reduzieren. Denn auch die eigene Leiblichkeit, das heißt, die Welt, die die Subjekte selber sind, ist einer spürbaren Transformation unterworfen.

Die Transformation der emotionalen Disposition der Betroffenen geht einher mit einer Veränderung der Selbstwahrnehmung als potenziell durch Strahlung gefährdeter Körper. Die Steigerung der Sensibilität gegenüber der eigenen Verletzlichkeit und Schutzlosigkeit der Betroffenen ist mit einem Gefühl von Stress und des Ausgeliefertseins konnotiert, in dessen Folge notwendige körperliche Funktionen wie Essen, Trinken, Laufen, Atmen etc. einen bedrohlichen Anschein erhalten. Jede körperliche Äußerung bietet zugleich die Möglichkeit zur Erkrankung und stellt damit jede Lebensäußerung der Betroffenen infrage. Alexijewitsch erläutert:

> „Beeren gab es im Wald, Pilze ... Und jetzt ist alles zusammengebrochen, das ganze Leben. Wir dachten immer, dass das alles unzerstörbar ist, dass das, was im Topf kocht, ewig ist. Nie hätte ich geglaubt, dass es mal anders kommen könnte. Aber es ist so ... Nun dürfen wir keine Milch trinken ... Keine Bohnen essen ... Pilze, Waldbeeren sind verboten. Fleisch sollen wir drei Stunden lang einweichen ... Und von Kartoffeln muss zweimal Wasser abgegossen werden, wenn man sie kocht. Wir müssen weiterleben ... Man will uns weismachen, dass wir das Wasser nicht trinken dürfen. Aber wie soll man ohne Wasser auskommen?" (Alexijewitsch 2015: 83).

Diese Beschreibung der ernährenden und damit – nach Böhme – guten Natur verweist auf die Folgen des Verlustes der ontologischen Sicherheit und damit auf die ganze Tragweite im leiblichen Selbstverhältnis der Betroffenen: Die Umkehrung der positiv konnotierten Befriedung leiblicher Bedürfnisse in eine potenzielle Selbstgefährdung. Dadurch geraten die Betroffenen in einen Konflikt zu sich selbst.

Daher werden Krankheit und Tod zu allgegenwärtigen Elementen der körperlichen Selbsterfahrung. Die Erfahrung von Erkrankungen und der Veränderung der leiblichen Selbstwahrnehmung in Folge der Strahlenexposition ist dabei eng mit einem Gefühl des Ausgeliefertseins verbunden:

> „Aber was dort mit uns geschehen ist, kann das Bewusstsein nicht fassen. Wir schwinden dahin ... Du spürst, wie eine völlig unbekannte Sache deine ganze frühere Welt zerstört, in dich eindringt, Besitz von dir ergreift" (Alexijewitsch 2015: 161).

Damit eng verbunden verändert sich auch die Wahrnehmung des Todes bzw. der eigenen Sterblichkeit: Auf der einen Seite gelangt die eigene Sterblichkeit nun vermehrt ins Bewusstsein der Betroffenen, zum anderen ändert sich aber auch die Erfahrung des Todes. Dieser *lauert* nun potenziell überall und kündigt sich nicht mehr durch sichtbare Vorzeichen an:

> „Der Tod lauerte überall, aber dieser Tod war irgendwie anders. Er trug neue Masken. Kam in einem anderen Gewand. Der Mensch wurde davon überrumpelt, darauf war er nicht vorbereitet. Nicht vorbereitet als biologische Art; sein gesamtes natürliches Arsenal, ausgebildet zum Sehen, Hören und Tasten, versagte. Nichts davon war brauchbar; Augen, Ohren und Hände taugten nicht, waren keine Hilfe, denn Radioaktivität ist unsichtbar, lautlos und ohne Geschmack. Körperlos" (Alexijewitsch 2015: 44).

In Folge dieser Veränderung der Rezeption der leiblich-emotionalen Selbstwahrnehmung verändert sich auch die Wahrnehmung der eigenen Selbstwirksamkeit im Hinblick auf das Vermögen des eigenen Leibes und des Tätigseins als basalen Weltbezug. So rezipieren die Betroffenen alle Tätigkeiten bei denen sie unmittelbar in Berührung mit der kontaminierten Welt kommen, als potenziell gefährlich und werden primär unter diesen Aspekt erlebt. Insbesondere autotelische, das heißt spontane und zweckfreie Handlungen, wie z. B. das Spielen der Kinder oder das Streifen durch eine Wiese, müssen nun unter ihren potenziell gesundheitsschädlichen Auswirkungen bewertet werden. Dadurch verlieren sie ihren autotelischen Charakter und verstärken das konflikthafte Selbstverhältnis, wie diese Äußerung eines Kindes verdeutlicht:

> „Aber ich möchte keine Angst haben, wenn ich im Sandkasten spiele, in den Wald gehe, Beeren esse, Blumen sammle. Ich will keine Tränen der Erwachsenen sehen, in keinem Krankenhaus sein. Ich möchte, dass alle Kinder in Gärten und Parks spielen, lachen und sich über die Sonne freuen, in die Schule gehen, dass ihre Eltern nicht weinen und für immer die grausamen Wörter Tschernobyl und Radioaktivität vergessen" (Jaeggi 2011: Cover).

Ein weiteres aussagekräftiges Beispiel für dieses widersprüchliche Selbst-Welt-Verhältnis findet sich den Aussagen von (jungen) Frauen. So beschreiben sie die selbstwirksame Erfahrung des *Kinder-zur-Welt-Bringens*, welche ein wesentlicher Aspekt in der leiblichen Selbstwahrnehmung der betroffenen Frauen ist, durch die mögliche Vorerkrankung des Kindes als fundamental infrage gestellt:

> „Sie ist das einzige Kind in Weißrussland, das mit einer so komplexen Pathologie überlebt hat. Ich liebe mein Kind sehr. Ich kann keine Kinder mehr bekommen. Ich wage es nicht. Ich wurde aus der Entbindungsklinik nach Hause entlassen. Mein Mann küsste mich in der Nacht, und ich zitterte am

ganzen Leibe ... Wir dürfen nicht ... Sünde ... Angst ... Ich hatte gehört, wie die Ärzte unter sich sagten: ‚Das Mädchen ist nicht im Hemd, sondern in einem Panzer geboren. Würde man sie im Fernsehen zeigen, würde keine Frau mehr entbinden wollen.' Und das über unser Mädchen! ... Wie sollten wir einander danach noch lieben können?" (Alexijewitsch 2015: 115).

Auch hier kehrt die radioaktive Kontamination den leiblichen Selbst-Welt-Bezug der Betroffenen um: vormals positive, spontane und als schön empfundenen Tätigkeiten, die eine wichtige Rolle in der emotional-affektiven Grundierung des Weltverhältnisses spielen, verkehren sich in ein negativ konnotiertes und als bedrohlich bzw. schädlich empfundenes Bedürfnis, das es zu unterdrücken gilt. Dadurch geraten die Betroffenen in ein konflikthaftes Selbstverhältnis, das sich auf die strukturelle Antinomie im Weltverhältnis der Betroffenen zurückführen lässt.

Dadurch verkleinert sich der Radius der Möglichkeiten von Tätigkeit an sich. Durch die radioaktive Kontamination wird die Machbarkeit als Horizont des Möglichen unter dem Aspekt der Gefährdung beschränkt. Damit kommt es zu einer negativen Umkehrung des Zwecks von Tätigkeiten selbst. Gewöhnliche Tätigkeiten werden dadurch als geradezu absurd erfahren, wie diese Zeugin beschreibt:

> „Unser Leben lang haben wir eigene Kartoffeln, eigene Knollen gehabt, und auf einmal hieß es: Verboten! Es ist zum Weinen und zum Lachen! ... Man riet uns, mit Mullbinden vor dem Mund und Gummihandschuhen im Garten zu arbeiten ... Und dann sprach noch ein bedeutender Wissenschaftler im Klub, der sagte, wir müssten das Holz waschen ... Na, so was Komisches! Ich denke, ich höre nicht recht!" (Alexijewitsch 2015: 57).

Tätigkeiten, die vorher durch einen positiven, das heißt tätigen und schöpferischen Weltbezug – insbesondere hier im Bereich der Arbeit – geprägt waren, erhalten nun eine negative bis absurde Konnotation. Dieses Zitat verdeutlicht, dass diese Umkehrung in bestimmten Fällen die Tätigkeit selbst *ad absurdum* führt, dass sie nun ihrem Zweck entgegengesetzt ist – die Betroffenen verstehen im wahrsten Sinne des Wortes die Welt nicht mehr.

Seinen krassesten Ausdruck findet diese Umkehrung in dem Umgang mit hochverstrahlten Objekten selbst, wie bereits oben anhand der Dekontaminierungsarbeiten einführend beschrieben wurde. Aus der irreversiblen Kontamination folgt als einzig mögliche Reaktion des Selbstschutzes die Eliminierung dieser Gefahrenquelle durch die Vernichtung dieser Objekte. Bezeichnender Ausdruck hierfür ist die allgegenwärtige Tätigkeit des Vergrabens von hochradioaktiven Objekten. Folgendes Zitat illustriert dies exemplarisch:

„Wir begruben den Wald. Wir sägten die Bäume bis auf anderthalb Meter ab, wickelten die Stämme in Plastikfolie und wälzten sie in einen ‚Mogilnik ‘. Ich konnte nachts nicht schlafen. Wenn ich die Augen zumachte, sah ich, wie sich etwas Schwarzes bewegte, drehte ... Wie lebendig ... Lebende Erdschichten ... Mit Käfern, Spinnen, Würmern drin ... Ich kannte ihre Namen nicht, ich wusste nicht, wie sie heißen ... Einfach Käfer und Spinnen. Ameisen. Kleine und große, gelbe und schwarze. So bunte. Bei einem Lyriker habe ich mal gelesen, dass Tiere ein Völkchen für sich sind. Ich habe sie zu Dutzenden, zu Hunderten, zu Tausenden umgebracht, ohne ihre Namen zu kennen. Ich habe ihre Behausungen zerstört. Ihre Geheimnisse. Habe begraben ... begraben ...“ (Alexijewitsch 2015: 123-124)

Diese negative und destruktive Tätigkeit wird zur einzigen Möglichkeit, die radioaktive Strahlung zu reduzieren: *Die Zerstörung von Welt zur Wiederaneignung von Welt* verdeutlicht damit die negative Umkehrung des tätigen Weltverhältnisses in besonders drastischer Weise. Die Tätigkeit des Vergrabens und des Beerdigens, welche wie beschrieben eng mit Negation, Vernichtung und Endgültigkeit konnotiert ist, wird damit zur Arbeit am Negativen selbst. In der durch die Strahlung induzierte Umkehrung des tätigen Selbst-Welt-Verhältnis verbleibt einzig die destruktive Welthaltung als Möglichkeit des tätigen Weltbezugs: Vergraben ist Arbeit am Negativen.

Zusammenfassend lässt sich festhalten, dass die radioaktive Kontamination eine wesentliche Veränderung im Selbst-Welt-Verhältnis und der materiellen Weltbeziehung der Betroffenen bewirkt. So verändert sich der leiblich-emotionale Bezug zur Welt, da die Befriedigung leiblicher Bedürfnisse zur Bedrohung wird, weshalb Tätigkeiten mit einem engem Kontaktverhältnis zu Materialität eine negative Konnotation erhalten, wodurch die Betroffenen in ein konflikthaftes Selbstverhältnis geraten. Dadurch verändert sich auch die Ausrichtung und zweckhafte Ausübung tätiger Weltbeziehungen. So ist zum einen die Selbstwirksamkeit im Hinblick auf die Möglichkeiten des Leibes, aber auch allgemein im Hinblick auf die *substantielle Beharrlichkeit* der Strahlung eingeschränkt – wie die *hilflosen* Dekontaminierungsmaßnahmen verdeutlichen. Dadurch kehrt sich der Charakter von Tätigkeiten selbst um, sie erhalten eine negative bzw. destruktive Ausrichtung oder führen ihre eigene Zweckhaftigkeit *ad absurdum*. Tätigsein wird unter der allgegenwärtigen Strahlung zur Arbeit am Negativen, denn „[…] seitdem ist der Mensch im Widerstreit mit seinen früheren Vorstellungen von sich und von der Welt“ (Alexijewitsch 2015: 39).

Dies hat erhebliche Auswirkungen auf die Möglichkeit von Weltbeziehung und Resonanz. So führt der Verlust der ontologischen Sicherheit, zu einem weitreichenden Trauma (vgl. Zhukova 2016), in dessen

Folge soziale und leibliche Lebensäußerungen ihre Konnotation verändern. Seinen Ausgang nimmt diese Transformation von Weltbeziehung auf leiblich-vegetativer Basis, denn durch die erzwungene Selbstreflexion im Angesicht der Strahlungen geraten die Betroffenen im gewissen Sinne *außer sich* (vgl. Claessens 1963: 515). Die Infragestellung leiblicher Äußerungen als potenziell gefährliche Bedürfnisse zwingt den Betroffenen geradezu eine Reflexion dieser präreflexiven Selbstbeziehung auf, wodurch diese überhaupt erst als problematisch erfahren wird: Mit diesem Verlust der primären leiblich-affektiven Abstimmung zur Welt kommt es also zum Weltverlust (vgl. ebd.).

Denn Betroffenen wird damit ihr „Leibsein zur Aufgabe“ (Böhme 2003). Das heißt, die Möglichkeit für Resonanz geht nicht den Betroffenen selbst verloren, etwa, weil sie diese nicht mehr empfinden könnten, sondern weil Welt als resonanzkonstitutives Gegenüber diese Möglichkeit materiell beschränkt. Es wäre vermessen zu behaupten, dass die Betroffenen der Katastrophe nicht mehr resonanzfähig seien, vielmehr ist das Gegenteil der Fall: Resonanz als Weltbeziehung wird prekär, weil Welt selbst prekär wird. In leiblicher Hinsicht bedeutet dies eine verstärkte Sensibilität für Krankheit und Tod. Denn in der Krankheit wird der Körper als Welt den Subjekten selbst zum Feind (vgl. Rosa 2016: 181). Daher ist es nachvollziehbar, dass insbesondere werdende Mütter, welche in einem sehr engen Resonanzverhältnis zu ihrem Kind stehen, eine besondere Sensibilität für diese Bedrohung entwickeln (vgl. Rosa 2016: 85-86). Es kommt *gerade deshalb* zu einem Welt- und Resonanzverlust, weil das eigentliche Resonanzempfinden aufseiten der Subjekte intakt bleibt. Dies bedeutet auch, dass Krankheit keine genuine Einschränkung der Resonanzfähigkeit bedeutet, sondern ein Widerfahrnis, das es prinzipiell anzunehmen gilt (vgl. Böhme 2003: 249). Daher ist es nur plausibel, wenn Petryna beschreibt, wie leibliche Pathologien einen zentralen, politisch bedeutsamen und zum Teil positiven Stellenwert im Selbstverständnis der Betroffenen einnehmen können (vgl. Petryna 2013).

Dieser Zusammenhang in der Transformation von Weltbeziehung lässt sich auch im Hinblick auf tätige Selbstwirksamkeit und die Ausrichtung von Tätigkeiten selbst beschreiben. Auch hier kommt es zu extremen Entfremdungs- und Repulsionserfahrungen, weil sich die Möglichkeiten von tätiger Beziehung materiell aufseiten der Welt verändert. Da Dinge ihre Resonanzqualität aus ihrer Einbettung in das Lebens- und Weltganze gewinnen (vgl. Rosa 2016: 392), verlieren sie gerade durch die radioaktive Kontamination diese Resonanzqualität. Denn durch die Kontamination verwandeln sich vormals vertraute Dinge in Gefahrenquellen. Dadurch misslingen resonanzkonstitutive Anverwandlungsprozesse, was sowohl für das Spielen der Kinder, als auch für das Arbeiten der Erwachsenen als Formen der tätigen Weltbeziehung gilt. Auch hier lässt sich feststellen, dass die Möglichkeit für Resonanz als gelingender Modus von Weltbeziehung unterminiert wird, weil Welt selbst nicht mehr in einer unmittelbaren und kontaktintensiven Weise für das Subjekt erreichbar ist. Da Arbeit bzw. Tätigsein jedoch zu den unhintergehbaren Aspekten subjektiven Weltbezugs gehört (vgl. ebd.: 394), kommt es zu einer Umkehrung der zweckhaften Ausrichtung von Tätigkeit. Die Dekontaminierungsarbeiten werden zu einer „Arbeit am Tod" (Hofmann 2010).

Durch die Bedrohlichkeit der kontaminierten Weltdinge, erhält ihre Negation in Form von Zerstörung und Vergrabung einen positiven Zweck, da es diese Arbeit am Negativen ist, welche als einziger positiver Weltbezug im Tätigsein verbleibt. Dekontamination ist eine Form der Bewältigung der Strahlenbelastung welche versucht, die Möglichkeit von Resonanz als konstitutive Eigenschaft von Welt erneut freizulegen. Dennoch geht Welt irreversibel verloren, da diese Arbeit am Negativen nicht in der Lage ist, einen prä-kontaminierten Zustand wiederherzustellen. Durch die destruktive Reaktion wird der Weltverlust verstärkt. Dies verweist auf die fundamentale Veränderung von Welt und die genuine Beziehungsfähigkeit materieller Objekte, welche im Moment ihres Verlustes den Subjekten schmerzlich bewusst wird – wodurch die traumatischen Folgen dieser Tätigkeit überhaupt erst nachvollziehbar werden.

Abschließend lässt sich festhalten, dass die strukturelle Antinomie im Weltverhältnis der Betroffenen, welche durch die Inkommensurabilität von radioaktiver Kontamination und Welt als Kontaktraum eintritt, eine fundamentale Transformation von Weltbeziehung auslöst. Welt ist für die Subjekte im Rahmen gelingender Weltbeziehungen nicht mehr erreichbar: Nicht, weil sie vollkommen zerstört wäre, sondern weil die radioaktive Kontamination die Subjekte zu einer Selbstdistanzierung zwingt. Im Moment dieses Weltverlustes tritt die resonanzkonstitutive Eigenschaft der materiellen Welt besonders hervor und wird von den Subjekten als solche verstärkt rezipiert. Die Resonanzsensibilität des Subjektes bleibt erhalten, wodurch der Weltverlust überhaupt erst als solcher erfahren wird. Es kommt damit zu einer fundamentalen Umkehrung im tätigen Weltverhältnis der Betroffenen, welche sowohl den Weltverlust als auch die Entfremdungserfahrung weiter verstärkt. Unter diesen Bedingungen brechen Weltbeziehungen nicht einfach ab oder werden zu einer existenziellen Unmöglichkeit, sondern sind einer negativen Umkehrung unterworfen.

4.3. Schlussfolgerung: Die Transformation von subjektiven Weltbeziehungen durch die Transformation der materiellen Welt

Im folgenden Abschnitt erfolgt nun eine Zusammenführung der Analyse der Transformation von Welt und der Darstellung der Transformation der Selbst-Welt-Beziehung der Betroffenen, um zu zeigen, auf welche Weise Welt und subjektive Weltbeziehung im Moment des Weltverlustes aufeinander bezogen sind. Mithilfe der Zusammenfassung der Kategorie „Weltverlust" wird eine Darstellung der Verlusterfahrung der Betroffenen gegeben, um daran zu analysieren, weshalb der Verlust von Welt als resonanzkonstitutives Gegenüber die hier beschriebenen katastrophalen Folgen für das Selbst-Welt-Verhältnis der Betroffenen hat. Damit wird auch die Leitfrage dieser Arbeit beantwortet. Daran anschließend erfolgt eine Darstellung der im Moment der *Weltkatastrophe* präsenten Resonanzsensibilität, um zu zeigen, dass das Hervortreten von Welt als Ganzes der Erfahrung im Moment ihres Verlustes eine Resonanzsphäre eröffnen kann, welche bereits in den Aussagen der Zeugen präsent ist. Diese abschließende Darstellung erfolgt unter dem Begriff *Struggle* für Resonanz und verweist auf die Schwierigkeit der Wiedererlangung einer resonanten Weltbeziehung.

4.3.1. Die Weltkatastrophe: Materialisierte Entfremdung, negative Unverfügbarkeit und der Verlust von Welt als resonanzkonstitutives Gegenüber

Im Zentrum dieser Untersuchung steht die Fragestellung, wie die radioaktive Kontamination das *in-der-Welt-Sein* der Betroffenen verändert und welche Auswirkung dies auf Weltbeziehung und Welt als resonanzkonstitutives Gegenüber hat. Ziel dieses Abschnittes ist es, die gesamte Tragweite des Weltverlustes der Betroffenen zu beschreiben und aufzuzeigen, *wie* dieser Verlust zu der beschriebenen Transformation im Selbst-Welt-Verhältnis der Betroffenen führt. Hierzu wurde der analytische Begriff des „Weltverlustes" formuliert, welcher Verlust von Welt als etwas primär Materielles in den Blick nimmt. In seiner Totalisierung fokussiert dieser Begriff Welt als das Ganze der Erfahrbarkeit, deren Verlust den Betroffenen damit zur *Weltkatastrophe* wird. Im Folgenden wird eine Zusammenfassung der Kategorie 5 „Weltverlust" gegeben, um ausgehend von den Verlusterfahrungen der Betroffenen das Phänomen der Weltkatastrophe zu beschreiben.

Die These der Arbeit geht davon aus, dass die Erfahrung der Atomkatastrophe als genuine Verlusterfahrung beschrieben werden kann. So beschreiben die Betroffenen eine umfassende Verlusterfahrung, die sich von Dingen ihrer unmittelbaren Lebenswelt, über den Horizont der von ihnen erfahrenen Welt bis hin zu metaphysischen Gewissheiten reicht. So werden Verlusterfahrungen zunächst im Hinblick auf die verlorenen Häuser und den Familienbesitz, in Bezug auf Gärten und Nachbarn bzw. der Dorfgemeinschaft rezipiert, wie folgendes Zitat illustriert:

> „Ich vermisse dieses Haus noch immer, und es zieht mich noch heute dorthin zurück. Ich habe mein Haus sehr, sehr geliebt. Und im Garten wuchsen Äpfel, Pflaumen, Erdbeeren, auch rote Johannisbeeren, es gab da einfach alles“ (Jaeggi 2011: 73).

Diese Erfahrungen lassen sich als Heimatverlust beschreiben, wobei nicht nur ein geografischer Weltausschnitt gemeint ist, sondern auch der Verlust einer gewissen Alltäglichkeit: „Wir haben keine Stadt verloren, sondern ein ganzes Leben ...“ (Alexijewitsch 2015: 64). Dieser Heimatverlust wird im Hinblick auf den Kontakt zur natürlichen Umwelt konkretisiert, wie ein Klagevers der Dichterin Kostenko ausdrückt:

> *„Gebt mir den Regen wieder. Auch die Stille. Den Wald und in der Au den Fluss. Den Abendstern, den Garten voller Bäume, den Säer und das wogende Korn im Feld. Ich will alles zurück“* (Kostenko 1996: 117).

Mit dem Heimatverlust ist auch die Unmittelbarkeit der Erfahrung der Natur verloren. Diese Erfahrung des Verlustes steigert sich im Hinblick auf die Dauer der radioaktiven Verstrahlung. So wird der Verlust als endgültig und unwiederbringlich rezipiert, was die Verlusterfahrung verstärkt, da keine Rückkehr in die verstrahlte Zone möglich ist. Alexijewitsch verdeutlicht dieses Gefühl von Endgültigkeit wie folgt:

> „Als die Leute abgereist sind, hat man ihnen gesagt, sie fahren jetzt für drei Tage weg. Und sie haben alles dort gelassen, alles, was im Haus, zum Haus gehört. Sie haben nur das Geld, ihre Papiere und Fotos mitgenommen. Und sie werden nie mehr dahin zurückkehren. Denn es heißt, die Zerfallszeit der letzten Elemente dort beträgt 40 000 Jahre. Das ist so weit entfernt, das heißt natürlich nie“ (Kluge 1996: 136).

Mit der astronomischen Dauer der radioaktiven Kontamination, die von den Betroffenen als Ewigkeit erfahren wird, wird zugleich auch der Verlust von Welt als eine ewige und unzerstörbare angesehene Entität rezipiert. So wird der Anschein einer unveränderlichen ontologischen Sicherheit der Welt und ihrer Dinge durch die *Ewigkeit* der Radionuklide überlagert, denn diese *astronomische Dauer* kontaminiert auch die bisherige sozio-materielle Zeitordnung der Betroffenen. Der Verlust der Heimat, des Hauses oder des Kontaktes zur Natur im Angesicht der unabänderlichen Kontamination führt zum Verlust einer vermeintlichen Seinsgewissheit, wie eine Zeugin darlegt:

„Aber jetzt, nach Tschernobyl, hat sich alles verändert. Auch die Angst. Die Welt hat sich verändert, sie ist nicht mehr ewig, wie sie es noch vor kurzem schien. Die Erde ist auf einmal klein geworden. Wir haben die Unsterblichkeit verloren ... das ist mit uns geschehen!" (Alexijewitsch 2015: 240).

Die Betroffenen rezipieren ihre Verlusterfahrung vor diesem Hintergrund als total. Da Welt als Entität aber weiterhin bestehen bleibt, aber für die Betroffenen entweder nicht mehr erreichbar oder vollkommen verändert ist, geht letztlich auch ihr Realitätsbezug selbst verloren. Denn die Gleichzeitigkeit von Strahlung und vermeintlicher Normalität, Schönheit, Tod und Zerstörung wird von den Betroffenen als Realitätsverlust rezipiert. Vor der Inkommensurabilität dieser Erfahrungen versagt das Bewusstsein, wie Alexijewitsch selbst beschreibt:

„Tschernobyl aber möchten wir vergessen, weil unser Bewusstsein davor kapituliert. Eine Katastrophe des Bewusstseins. Hätten wir Tschernobyl besiegt oder es wirklich verarbeitet, würden wir mehr darüber nachdenken und schreiben. So aber leben wir in einer Welt, unser Bewusstsein aber existiert in einer anderen. Die Realität entgleitet, der Mensch kann sie nicht mehr erfassen" (Alexijewitsch 2006: 6).

Es lässt sich festhalten, dass die Verlusterfahrungen der Betroffenen auch die Totalität des Daseins selbst umfasst: Vom Verlust der Häuser und der vertrauten Heimat, über den Verlust der Erfahrung der Vergänglichkeit in Anbetracht der Halbwertszeit der Radionuklide, bis hin zum Verlust der Seinsgewissheit und damit dem Verlust von Welt als Ganzes der Erfahrung. Im Folgenden soll diese Verlusterfahrung unter dem Begriff der Weltkatastrophe beschrieben werden, um zu zeigen, dass es gerade die materielle Transformation der Welt ist, die die Totalität dieser Erfahrung ausmacht und dadurch überhaupt zu einer pathogenen Transformation von Weltbeziehung führen kann. Die anhand der Zeugenaussagen beschriebene Verlusterfahrung lässt sich nun in drei analytische Aspekte zergliedern, welche eng miteinander verbunden sind: Erstens der Verlust der ontologischen Sicherheit, zweitens der Verlust der ontologischen Sicherheit als Folge einer Form von *materialisierter Entfremdung* und drittens diese materialisierte Entfremdung als Folge der Etablierung einer *negativen Unverfügbarkeit* im Weltganzen. In ihrer Zusammenführung ergeben diese drei Teilaspekte das Phänomen der Weltkatastrophe mit deren abschließender Beschreibung die Fragestellung dieser Arbeit beantwortet wird.

Wie bereits an mehreren Stellen dieser Argumentation mit Cleassens, Giddens, Böhme und Rosa erläutert wurde, ist der eingetretene Weltverlust durch die Atomkatstrophe zunächst einmal eine Folge des Verlustes der ontologischen Sicherheit. Giddens beschreibt diesen Begriff als ein Vertrauen in die Kontinuität und Konstanz der sozialen und materiellen Handlungswelt (vgl. Giddens 1996: 118). Diese ontologische Stabilität wurde vor dem Hintergrund der Position des Kontaktrealismus als wesentliche Eigenschaft von Welt beschrieben, da Subjekte auf ein Vertrauen in ihre Konstanz angewiesen sind, um eine stabile Selbst-Welt-Beziehung ausbilden zu können. Diese basiert auf der Notwendigkeit einer z.T. präreflexiven leiblich-affektiven Abstimmung mit der Welt (vgl. Claessens 1963: 515; Böhme 2008: 114). Gelingende Formen von Weltbeziehung sind auf die Erfahrung ontologischer Sicherheit angewiesen (vgl. Rosa 2016: 83). Diese Sicherheit wird nicht nur als Notwendigkeit, sondern auch als *Gutheit* erfahren. Der Verlust der ontologischen Sicherheit bewirkt nicht nur eine Infragestellung der leiblich-affektiven Abstimmung zur Welt, sondern stellt die Bejahung dieser vormals als positiv erfahrenen Responsivität der Welt selbst infrage.

In diesem Sinne ist der durch die radioaktive Kontamination eingetretene Verlust der ontologischen Sicherheit ein totaler Weltverlust, weil die Seinsgewissheit im Bewusstsein der Betroffenen selbst unterminiert wurde. Total ist dieser Weltverlust deshalb, weil dieser den Verlust des resonanzkonstitutiven Gegenübers, das heißt eines *Anderen*, das Welt immer schon ist, bedeutet. Der Verlust der ontologischen Sicherheit betrifft Welt daher immer als Ganzes der Erfahrbarkeit, wie Beck erläutert: „Es ist das Ende der ‚anderen', das Ende all unserer hochgezüchteten Distanzierungsmöglichkeiten, das mit der atomaren Verseuchung erfahrbar geworden ist" (Beck 1986a: 7). Die Folge dieses Verlustes ist eine tiefe *metaphysische Trauer* um diese im Verlust erkannte Ganzheit, die aus den Aussagen der Betroffenen spricht.

Doch wie kann eine materielle Veränderung der Welt überhaupt diese weitreichenden sozialen Folgen für die Subjekte haben? Wieso kann eine materielle Qualität eine Transformation von Weltbeziehung auslösen? Und wieso erscheint eine positive Rezeption der Strahlung im Rahmen von Zeugenaussagen nicht als unmöglich, sondern auch als hypothetisch unplausibel? Der Grund hierfür findet sich in der materiellen Qualität der Radioaktivität, wie der Welt gleichermaßen. Ausgehend von den hier zugrundeliegenden Prämissen des Kontaktrealismus und der Materialität der Welt als konstitutiver Faktor für Weltbeziehung lässt sich zeigen, wie sich Weltbeziehungen durch eine materielle Transformation von Welt verändern können, ohne dass sich (zunächst) die Resonanzsensibilität der Subjekte und ihrer Deutungsmuster verändern muss. So lässt sich im Rahmen der durchgeführten Analyse der Transformation der Welt in der kontaminierten Zone festhalten, dass die erfahrene Repulsion eindeutig vom Objekt ausgeht, und nicht auf eine psychosomatische Disposition der Subjekte zurückzuführen ist. Folglich lässt sich festhalten, dass sich Repulsion offenbar als Eigenschaft von Welt selbst materialisiert.

Damit lässt sich Entfremdung nicht mehr nur als ein Modus von Weltbeziehung beschreiben mit dem Subjekte Welt erfahren, sondern auch als eine Eigenschaft der Dinge selbst. Für diese Schlussfolgerung, dass auch die Dinge selbst entfremdet sein können, spricht, dass sie durch die radioaktive Kontamination aus dem Zusammenhang des sozialen Lebens- und Weltganzen gerissen werden und damit ihre Resonanzqualität verlieren (vgl. Tsing 2018: 19, 171; Rosa 2016: 392). Aus der materiellen *Agency* der Radionuklide, die anhand der phänomenalen Neigungen von Stoffen und dem Phänomen der Dissipation beschrieben wurde, lässt sich schließen, dass sich mit der Toxizität nicht nur eine Form von Entfremdung materialisiert, sondern sich diese auch selbstständig verbreitet und durch die Kontamination anderer materieller Entitäten fortpflanzt. Denn durch die Strahlung verwandelt sich ein Objekt, das seine soziale Bedeutung erst aus seiner Bezogenheit auf das Subjekt gewinnt, in ein *totales* Objekt. Das heißt, die Strahlung objektiviert die Objekte in einer Weise, die sie aus ihrem Zusammenhang mit dem Subjekt herauslöst. Damit verlieren sowohl das Objekt, als auch das Subjekt ihr notwendig konstitutives Gegenüber (vgl. Baudrillard 2008: 10-11). Subjekt und Objekt zerfallen damit in zwei inkommensurable Sphären. Ein verstrahltes Objekt ist deshalb ein *totales* Objekt, weil es als etwas rein repulsives kein beziehungsfähiges Objekt mehr sein kann. Ohne Subjekt kann es jedoch auch kein Objekt geben, es verschwindet als solches aus dem beziehungskonstitutiven Weltganzen – *obwohl* es weiterhin physisch vorhanden ist. Es kommt zum Weltverlust, weil die radioaktiv kontaminierten Weltdinge, als *totale* Objekte für das Subjekt nicht mehr erreichbar sind.

Doch wieso führt diese *totale* Objektifizierung der Weltdinge in der Entfremdungszone zu einem Weltverlust und nicht vielmehr zu einer Form von Resonanz? Den Aussagen der Zeugen ist ja eindeutig zu entnehmen, dass der hier beschriebene *Störfall* im Weltverhältnis der Betroffenen nicht auf eine verminderte Resonanzsensibilität der Subjekte selbst zurückzuführen ist, sondern seinen Ursprung in der Welt hat, wodurch Welt als Ganzes der Erfahrbarkeit überhaupt erst in das Bewusstsein der Betroffenen tritt. Ließe sich die beschriebene Transformation der Weltbeziehung nicht vielmehr als *negative Resonanz,* denn als Entfremdung beschreiben, wenn man mit Rosa davon ausgeht, dass sich Resonanz auch in negativen Verlusterfahrungen einstellen kann (vgl. Rosa 2016: 287)? Könnte im Angesicht dieser Transformation von Welt in der Zone nicht sogar eine Form von „Erhabenheit" empfunden werden, die selbst drastischste Formen der ökologischen Zerstörung als Resonanzquellen ansieht (vgl. Sloterdijk 1989: 114)?

Eine Erklärung für diesen Zusammenhang muss hier ebenfalls an der Konstitution der radioaktiven Materialität ansetzen. Als Ergebnis eines anthropogenen Verdinglichungsprozesses ist diese Materialität das Produkt des Versuches einer vollkommenen Verfügbarmachung der Materie selbst – wie Oppenheimer in Anbetracht der ersten Atomexplosion konstatierte. Doch wie das Phänomen der Dissipation verdeutlicht, handelt es sich bei den freigesetzten Radionukliden um eine Materialität mit spezifischer *Agency*. Ihre destruktive Wirkung lässt sich daher als Folge ihrer Verfügbarmachung beschreiben: Radioaktive Substanzen wären damit so stark verdinglicht, dass sich ihre Verfügbarkeit gleichermaßen *negativ* umkehrt und sie wiederum zur Quelle des Unverfügbaren werden. Der Versuch einer totalen Technisierung und Verdinglichung ließe sich als eine „monströse Logik" beschreiben, die nun ihre destruktiven Folgen in der Welt entfaltet (vgl. Scherer 2015: 231-232). Das Radioaktivwerden der verdinglichten Materie erzeugt einen Entmaterialisierungsprozess in dem sich die Wirkungsweise der Materie selbst vollständig umkehrt:

> „Man hätte sie wie eh und je ‚mit Schweigen nach innen und außen' übergehen können, wäre dieses Strahlen nicht in sich verkehrt. Eine Verkehrung, die unbeschreiblich ist, auch wenn sie mit ‚ungreifbarer Gefahr' mit ‚schleichender Seuche' beschrieben wird. Mit dieser in sich verkehrten Strahlung wird die geschichtsübliche Dialektik von ‚friedlicher Nutzung' und Katastrophe in dem Maß übertroffen, wie sie nichts mehr verseucht, nichts mehr beschmutzt. Strahlend sauber realisiert sie, was von der Materie, die von sich selbst als „Zeugerin gereinigt ist, geschrieben steht: sie bringt nichts hervor, lässt alles zerfallen" (Treusch-Dieter 1990: 104).

Mit der Verdinglichung der radioaktiven Materie und ihrer Freisetzung kehrt sich die Beziehungsfähigkeit des Materiellen damit vollständig um: Das Verfügbare transformiert sich in ein Unverfügbares. Jedoch kann diese Unverfügbarkeit – wie in Kapitel 3.1.3 beschrieben wurde – kein Konstitutivum für Resonanz sein, weil sie nun materielle Weltbeziehungen unterminiert statt sie zu ermöglichen. Als „Nemesis der Materie" (Uexküll 1978: 6) ist Radioaktivität damit eine Form von *negativer Unverfügbarkeit*, die die Möglichkeit subjektiver Weltbeziehung beschränkt, statt sie zu fördern – und deshalb eben nicht eine Form von *negativer Resonanz* auslöst. Das heißt, „[…] das mit [dieser] (technischen) Vergrößerung der Weltreichweite auch der Horizont des Nichterreichbaren oder Nichtrealisierbaren anwächst" (Rosa 2016: 701) – und sich der Horizont von gelingender Weltbeziehung in dessen Folge selbst verkleinert.

Nur so lässt sich das beschriebene Phänomen der Arbeit am Negativen erklären, dass als drastischster Ausdruck der transformierten Weltbeziehung der Betroffenen analysiert wurde. Denn durch die Ausbreitung dieser *negativen Unverfügbarkeit*, wird die Möglichkeit von gelingender Weltbeziehung durch die Repulsivität der Welt selbst determiniert. Innerhalb der Entfremdungszone verleibt damit die Arbeit am Negativen als einzige Form des tätigen Weltbezuges. Ein Zitat von Baudrillard fasst diese totale Umkehrung und Entfremdung exemplarisch zusammen:

> „Die Dinge können einen Zustand von Zerrüttung erreichen, der viel größer ist als sie selber, das heißt, sie können derartig verändert werden, dass ihr Vorhandensein noch weniger wert ist, als wenn es sie gar nicht gäbe; und darum ist die unheilvolle Versuchung aufgekommen, sie lieber gleich zu ersetzen" (Fernandez, zitiert nach Baudrillard 1994: 1).

Es lässt sich festhalten, dass die radioaktive Materialität ihre destruktive und objektifizierende Wirkung deshalb entfalten kann, weil sie als *negative Unverfügbarkeit* eine der Welt inhärente Grenze der subjektiven Bezugnahme zu ihr beschreibt. Die materialisierte Repulsion ist deshalb die Quelle von Entfremdungserfahrungen, weil sie die verstrahlten Weltdinge als ein *negativ Unverfügbares* aus dem tätigen Bezug der Subjekte herauslöst. Welt ist somit für das Subjekt nicht mehr erreichbar und geht diesem schließlich verloren – nur noch das Vergraben der unverfügbaren Strahlenobjekte verbleibt im Horizont des Möglichen.

Mit Blick auf die Fragestellung dieser Arbeit lässt sich durch die Zusammenführung dieser drei Aspekte des materiellen Weltverlustes folgendes formulieren. Die Atomkatastrophe von Tschernobyl ist eine *Weltkatastrophe*, weil sie Welt als Ganzes der Erfahrbarkeit und als Horizont von Weltbeziehung betrifft. Durch die Ausbreitung der radioaktiven Kontamination kommt es zur Materialisierung einer *negativen Unverfügbarkeit,* die die *genuine* Möglichkeit leiblich-materieller Weltbeziehung der Betroffenen unterminiert. Sie ist den Subjekten nicht mehr erreichbar und wird gerade in ihrer Verlorenheit als Bedrohung erfahren. Die Radioaktivität enteignet damit Welt als das konstitutive Gegenüber von Weltbeziehung – Subjekt und Objekt fallen in ihrer Bezogenheit auseinander. Da es aber trotzdem kein Außerhalb von Welt gegeben kann und Welt in der kontaminierten Zone ebenso wenig *verschwunden* ist, müssen sich Modi gelingender Weltbeziehung in dessen Folge umkehren. Da Weltbeziehungen immer in ein Weltganzes eingelassen sind, verbleibt in einer repulsiven Welt einzig die Möglichkeit einer destruktiven Welthaltung, deren Ausdruck die Arbeit am Negativen ist. Die Atomkatastrophe von Tschernobyl ist damit Ursache eines fundamentalen Resonanzverlustes.

4.3.2. *Struggle* für Resonanz: Möglichkeiten der Wiedererlangung von Resonanz in einer kontaminierten Welt

Mit dieser Beschreibung der Weltkatastrophe ist die Analyse dieser Arbeit jedoch noch nicht an ihrem Ende angelangt. Denn wie den Aussagen der Zeugen eindeutig zu entnehmen ist, findet sich in der Rezeption und Wahrnehmung der katastrophalen Folgen der radioaktiven Strahlung auch eine besondere Form von Resonanzsensibilität, durch die überhaupt erst der Verlust von Welt als Ganzes der Erfahrbarkeit empfunden werden kann. Es wurde beschrieben, dass gerade durch diesen Weltverlust, Welt überhaupt erst als konstitutives Gegenüber und als Horizont von Weltbeziehung reflektierbar wird. Ist es daher möglich, dass – wie Rosa beschreibt – auch hier im Moment dieser Prekarisierung von Weltbeziehung, das *Rettende* erwachsen kann (vgl. Rosa 2016: 78)? Kann es neben den entfremdeten Beziehungsmodi des Verdrängens und Negierens auch eine weiterhin resonanzfähige Beziehung geben?

Im Folgenden soll eine Beschreibung dieses Aspektes gegeben werden, um zu fragen, ob Tschernobyl tatsächlich das unwiderrufliche Ende der *Anderen* ist – wie Beck konstatierte –, oder ob in diesem Verlust nicht auch die Erkenntnis einer unhintergehbaren Involviertheit liegen könnte, wie demgegenüber Alexijewitsch fragt: „Was hat uns die Tschernobyl-Erfahrung vermittelt? Hat sie uns der wortlosen, geheimnisvollen Welt der ‚anderen' zugewandt?" (Alexijewitsch 2006: 5). Unter dem Begriff *Struggle* für Resonanz soll diskutiert werden, ob und wie Resonanz als Modus einer gelingenden Weltbeziehung möglich bleiben kann. Der Begriff des *Struggle* beschreibt hierbei, ausgehend von der gesteigerten Sensibilität der Betroffen, die Möglichkeit einer Wiedererlangung von Resonanz, welche als Schwierigkeit und Herausforderung in Anbetracht der Katastrophe formuliert ist. Damit ist jedoch nicht die unmögliche Wiederherstellung des präkatastrophalen Weltverhältnisses gemeint, sondern die Wiedererlangung einer resonanten Weltbeziehung, die in Anbetracht des Verlustes eine gesteigerte Sensibilität und intensivere Beziehung zur (vermeintlich) verlorenen Welt entwickelt und damit eine neue Resonanzsphäre erschließen könnte. Ausgangspunkt ist auch hier die Zusammenfassung der Rezeption dieser Sensibilität in den Aussagen der Zeugen, die zugleich die Zusammenfassung der Kategorie 6 „Sensibilität" bildet.

In enger Verbindung zu der beschriebenen totalen Verlusterfahrung in den Aussagen der Zeugen findet sich auch der Verweis auf eine andere Weise der Erfahrung, auf einen anderen Blick auf die Welt, welcher durch den traumatisierenden Verlust entstanden ist. Dieser wird zunächst als eine gesteigerte Sensibilität gegenüber der verstrahlten Natur und der durch die Dekontaminierungsarbeiten angerichteten Zerstörungen rezipiert, wie ein Zeuge beschreibt:

> „Ameisen krabbeln über den Stamm ... Ringsum dröhnt schweres Armeegerät. Soldaten. Geschrei. Schimpfen. Flüche. Hubschrauber knattern. Sie aber krabbeln ... Ich kam aus der Zone, und von allem, was ich an dem Tag gesehen hatte, ist mir nur das eine Bild deutlich in Erinnerung geblieben ... Wir hielten im Wald an, ich stand, an eine Birke gelehnt, und rauchte. Dicht vor meinen Augen krabbelten die Ameisen über den Stamm, ohne uns zu hören, ohne uns Beachtung zu schenken ... Wir würden verschwinden, und sie würden es gar nicht bemerken. Und ich? Ich hatte sie noch nie so nahe wahrgenommen ..." (Alexijewitsch 2015: 161).

Diese veränderte Wahrnehmung gegenüber der Natur und den Tieren findet sich vor allem in Bezügen, mit denen die Betroffenen versuchen die Folgen der Katastrophe und ihre eigene – nun prekäre – Stellung in der verstrahlten Welt zu reflektieren. So beschreiben die Betroffenen diese Erfahrung der gesteigerten Sensibilität als ein neues Verhältnis, welches die einstige Distanz zwischen ihnen und der Natur verringert:

> „Ich sehe die Welt um mich herum jetzt mit anderen Augen ... Die kleine Ameise, die über den Weg krabbelt, ist mir nun näher. Auch der Vogel am Himmel. Der Abstand zwischen ihnen und mir wird kleiner. Die frühere Kluft ist aufgehoben. Alles ist Leben" (Alexijewitsch 2015: 48).

> „Mir ist dort etwas Seltsames passiert. Ich bin den Tieren nähergekommen ... Den Bäumen ... Vögeln ... Sie sind mir heute näher als früher ... Die Distanz zwischen uns hat sich verringert ..." (Alexijewitsch 2015: 151).

Das Hervortreten von Welt als umgebender Raum der Erfahrung, in den das Subjekt immer schon eingebettet ist, wird von den Betroffenen auch als eine Distanzverringerung zwischen ihnen und den sie umgebenden Lebewesen, das heißt den konkreten Weltdingen, erfahren. Obwohl durch die radioaktive Kontamination ein Weltverlust eingetreten ist, bleibt Welt dennoch der unhintergehbare Horizont der Erfahrung. Die Subjekte bleiben qua ihrer eigenen Leiblichkeit auf diese repulsive Welt verworfen. Im Weltverlust ist Welt als Ganzheit evident geworden und eröffnet den Subjekten damit eine andere Sphäre der Erfahrung. Diese *tragische* Weise des in-der-Welt-Seins, beschreibt folgendes Zitat exemplarisch:

> „Tschernobyl ... Eine andere Welt wird es bei uns nicht mehr geben ... Am Anfang, als uns der Boden unter den Füßen weggerissen wurde, haben wir den Schmerz offen hinausgeschrien, aber jetzt ist uns bewusst geworden, dass es keine andere Welt gibt und dass man sich nirgendwohin retten kann

> ... Es ist das Gefühl einer tragischen Verwurzelung mit dieser Tschernobyl-Erde, ein ganz anderes Weltgefühl“ (Alexijewitsch 2015: 176).

Diese Rezeption einer intensiven Wahrnehmung der Gegenwart des *Anderen* als neues Weltgefühl, lässt sich aus der Totalität der Katastrophe erklären. Denn mit der Weltkatastrophe setzte auch ein Zusammenbruch von Deutungsmustern ein, mit denen sich die Betroffenen zuvor in ihrer Welt orientierten – wie anhand des Verlustes der ontologischen Sicherheit dargelegt wurde. Im Moment des Verlustes scheint den Betroffenen ihre fundamentale und unhintergehbare Involviertheit im Weltganzen selbst auf: „Wir waren nackt – nackte Menschen auf nackter Erde“ (Alexijewitsch/Virilio 2003: 13), wie Alexijewitsch hierzu konstatiert. Und dies ist die eigentliche Erkenntnis, welche am Ende aller Distanzierungsmöglichkeiten liegt: Denn durch die radioaktive Kontamination ist das Subjekt fundamental auf sich selbst und seiner Stellung in der Welt verwiesen. Mit diesem von Beck konstatierten Ende aller Distanzierungsmöglichkeiten ist deshalb auch nicht das *Ende der Anderen* gekommen, sondern vielmehr die Möglichkeit erwachsenen „[...] dieses Andere als eigenes zu erkennen“ (Böhme 1992: 52).

Das *in-der-Welt-Sein* der Betroffenen, dass durch die Strahlung zur Geworfenheit in eine repulsive Welt geworden ist, verweist damit trotz der fundamentalen Prekarisierung von Weltbeziehung in Anbetracht der Katastrophe auf eine unhintergehbare Gegenwart des Seins, in welches die Subjekte immer schon hinein gestellt sind. Die Weltkatastrophe verfügt damit über eine *metaphysische Dimension*, die die Negation von Welt in ihrem Verlust selbst transzendiert. Durch dieses Hervortreten von Welt als Gegenwart des Nahen, verweist dies auf eine Daseinsform, in der subjektive Weltbeziehungen nicht mehr durch das Verfügbarmachen von Welt, sondern durch das *gemeinschaftliche* Gegenwärtig-Sein *in* Welt gekennzeichnet sind. Der Philosoph Jean-Luc Nancy beschreibt dies folgendermaßen:

> „Stattdessen käme es darauf an, in der Gegenwart zu denken und die Gegenwart zu denken. Nicht mehr das Ziel oder die künftigen Ziele, auch nicht eine glückliche anarchische Verstreuung von Zielen, sondern die Gegenwart als Element des Nahen. Das Ziel ist stets fern, die Gegenwart Ort der Nähe - zur Welt, zu den anderen, zu sich selbst. Wenn man von einem ‚Ziel‘ sprechen will, muss man feststellen, dass die Gegenwart ihr Ziel in sich selbst hat [...]. Die Gegenwart hat ihr Ziel in sich selbst in beiden Bedeutungen des Wortes: ihren Zweck und ihr Ende. Finalität und Endlichkeit zusammengenommen – das bedeutet, wenn man es recht bedenkt, Eröffnung des Unendlichen. Erkenntnis der Existenz als unendliche Möglichkeit von Sinn. Denken des ‚Sinns‘ als desjenigen, was kein zu erreichendes Ziel ist, dem man stattdessen nah sein kann“ (Nancy 2013: 53-54).

Die hier beschriebenen Aussagen der Zeugen sind vor diesem Hintergrund als eine *Affizierung durch Nähe* zu interpretieren, in dem eine eigenständige Sinnquelle erkannt werden kann. Denn im Gegenwärtig-Sein, vollzieht sich immer auch ein Mit-Sein mit Anderen, den konkreten Weltdingen und Lebewesen. In der Erkenntnis dieses Anderen als Eigenes vollzieht sich laut Nancy ein *singulär-plural-sein*: „Was auch immer existiert: Weil es existiert, ko-existiert es. Ko-Implikation des Existierens ist Teilen einer Welt. Eine Welt ist nichts der Existenz äußerliches, keine äußerliche Hinzufügung anderer Existenzen: Sie ist Ko-Existenz [...]" (Nancy 2004: 58).

Es ist deshalb plausibel zu behaupten, dass die Weltkatastrophe auch die Möglichkeit für ein anderes Weltverhältnis birgt, nicht in dem Sinne, dass Resonanz *mit* der verstrahlten Welt möglich oder geboten wäre, sondern weil sich durch die Kontamination das Subjekt seiner Involviertheit in Welt und seinem Mit-Sein konkret bewusst werden kann. Auf diese Weise wird auch die Möglichkeit für gelingende Weltbeziehungen in einer kontaminierten Welt transformiert – womit die hier durchgeführte Analyse nun vervollständigt ist:

> „Beyond the reach of the senses, radiation perforates the boundaries of person, species and earth and thus places humans and other life-forms in a new relation to each other, emphasises their communality" (Adam 1998: 200).

Es lässt sich festhalten, dass „[...] unsere wichtigste Beziehung die zum Kosmos [ist]" (Kluge 1996: 135), wie Alexijewitsch in einem Interview zur Katastrophe bekannte. Die Bedeutung dieser Beziehung zum Kosmos als das unhintergehbare Weltganze, ist eine wesentliche Schlussfolgerung aus der hier vorgenommen Analyse der Transformation von Weltbeziehung in einer kontaminierten Welt – welche sich in Anbetracht der ökologischen Krise nicht nur auf die Entfremdungszone in Tschernobyl erstreckt. Die Denkfigur der Weltkatastrophe birgt in diesem Sinne auch eine Möglichkeit zum Nachdenken darüber, wie Entfremdung überwunden werden kann: „Man darf sich mit der Entfremdung nicht abfinden, man muss zum anderen des Anderen durchstoßen, zur radikalen Andersheit" (Baudrillard 1992: 192).

Für die konkrete Wiedererlangung von Resonanz in der kontaminierten Zone von Tschernobyl folgt daraus, dass die Strahlung selbst, ihre Gegenwart und Wirkung, als Faktor auch in gelingenden Formen von Weltbeziehungen präsent sein muss, gerade weil sie nicht mehr *aus der Welt zu schaffen* ist:

> „Die Radioaktivität, von der ganzen übrigen Welt als grausames Äußeres Übel betrachtet, ist für sie alltägliche Realität. Und ebenso, wie die Naturgewalten über Jahrhunderte in die Mythen dieses Volkes eingegangen sind, wird auch die unsichtbare, aber reale Radioaktivität Gegenstand neuer Mythen“ (Jaeggi 2011: 118).

Es ist wenig verwunderlich, dass die Strahlung einen wichtigen Platz im kollektiven Gedenken der Betroffenen einnimmt und ihre Unsichtbarkeit eine Inspiration für eine Vielzahl kultureller Erzeugnisse der Traumabewältigung darstellt. Ihre symbolische Repräsentation ist damit ein Akt der Aufarbeitung und der Erinnerung und erschließt damit ein neues Weltverhältnis im Leben der Betroffenen (vgl. Phillips 2008: 159-160). Durch die Erkenntnis des *in-der-Welt-Seins* als ein Mit-Sein mit anderen Lebewesen und Dingen erschließt sich so die Möglichkeit, neue Lebenspraxen und Wahrnehmungsweisen zu erproben (vgl. Tsing 2018: 287). Damit wird die Katastrophe nicht in ihrer traumatischen Tragweite verkannt, sondern vielmehr als die bleibende Herausforderung im Leben der Betroffenen angesehen, die sie nun einmal ist. Durch die Strahlung ist die Welt nicht verschwunden, sondern in neuer Weise exponiert. Die erneute Möglichkeit von Resonanz in der kontaminierten Zone besteht darin, diese Welt in all ihrer Versehrtheit und Entfremdung nicht aufzugeben, sondern anzuerkennen – denn „[…] die Wahrnehmung rettet die Welt“ (Serres 2009: 81).

5. Die Diskussion der Analyse und die Darstellung weiterführender Forschungsperspektiven

Im folgenden Abschnitt der Untersuchung erfolgt nun eine Diskussion der vorgelegten weltbeziehungstheoretischen Analyse der Atomkatastrophe und ihrer zentralen Argumente. Im Hinblick auf die eingangs formulierten Relevanzkriterien der Untersuchung gliedert sich dieser Abschnitt in eine Diskussion der Vorgehensweise der Arbeit und ihrer Ergebnisse, in einer Diskussion der theoretischen Erklärungsfähigkeit der formulierten analytischen Begriffe dieser Arbeiten sowie in eine Diskussion der sich daran anschließenden Forschungsperspektiven im Hinblick auf Materialität und Verlust.

5.1. Die Diskussion der analytischen und empirischen Vorgehensweise

Zunächst einmal lässt sich festhalten, dass es durch den gewählten theoretischen Zugang überhaupt erst gelang, die Erfahrung dieser Katastrophe einer wissenschaftlichen Analyse zugänglich zu machen. Die Wahl der Soziologie der Weltbeziehung als theoretische Perspektive eröffnete so die eigentliche Thematik des Phänomens, dessen Theoretisierung bisher bei einer Darstellung der empirischen Dimensionen der Katastrophe sowie einigen – wenn auch teils elaborierten – philosophischen Spekulationen stehen blieb. So konnte gezeigt werden, dass sich neben einer rein empirischen Beschreibung des Ereignisses – deren Unzulänglichkeit mit Brown aufgezeigt wurde – und einer risikosoziologischen Beschreibung – deren analytisches Instrumentarium jedoch im Hinblick auf die Katastrophe als *materielle Realität* an Erklärungsgrenzen stößt –, eine weitere Perspektive auf das Thema ergibt, die den – mit Alexijewitsch beschriebenen – Erfahrungsgehalt der Katastrophe als eine Veränderung des subjektiven *in-der-Welt-Seins* durch eine Veränderung von Welt theoretisiert. Erst aus der Perspektive der Soziologie der Weltbeziehung heraus konnte dieser Aspekt überhaupt identifiziert und als solcher einer wissenschaftlichen Analyse zugänglich gemacht werden. Daher handelt es sich bereits bei der Identifizierung, Beschreibung und Gliederung dieses Themas in einen bearbeitbaren Untersuchungsgegenstand um eine eigenständige Leistung der Untersuchung, die als solche über den referierten Forschungsstand und den bisherigen Analyseversuchen – deren Stehenbleiben bei einer scheinbaren *Faszination* für die Katastrophe nicht vollständig ignoriert werden kann – hinausweist.

Die entwickelte empirische Vorgehensweise dieser Arbeit ergab sich aus dem gewählten theoretischen Zugang. Durch eine Übertragung der Theoretisierung des Phänomens der ästhetischen Resonanz im Bereich der Lyrik, das heißt durch den besonderen weltbeziehungstheoretischen Gehalt dieser Textgattung auf die dokumentarische Prosa von Swetlana Alexijewitsch und weiterer inhaltlich verwandter Quellen, konnte eine besondere Anschlussfähigkeit zwischen theoretischer Perspektive und Analysegegenstand hergestellt werden. Diese ergab sich zum einen aus dem Erfahrungsgehalt der Katastrophe, welcher vor allem in den literarisch aufgearbeiteten Interviews Alexijewitschs sowie weiteren Berichten, Tagebucheinträgen und Gedichten der Betroffenen dokumentiert ist und der Soziologie der Weltbeziehung, welche durch ihre Perspektive diesen dokumentierten Erfahrungsgehalt überhaupt erst als subjektive Weltbeziehung im Kontext der Katastrophe beschreibbar macht. Diese wechselseitige Passfähigkeit ermöglichte so eine strukturierte Inhaltsanalyse der Aussagen, mit deren Hilfe konkrete Erfahrungsgehalte der theoretischen Beschreibung zugeordnet werden konnten. Indem diese Aussagen als Dokumente einer subjektiven Veränderung von Weltbeziehung ernst genommen wurden, gelang es, den Erfahrungsgehalt dieser Aussagen theoretisch zu explizieren und einer Analyse zugänglich zu machen.

Als Illustration einer theoretisch fundierten und analytisch differenzierten Interpretation dieser Katastrophe kann die empirische Analyse eine eingeschränkte Gültigkeit beanspruchen. Da es nicht das Ziel dieser Untersuchung war, eine allgemein gültige und empirisch fundierte Erklärung der Katastrophe zu formulieren, sondern stattdessen einen begründeten Interpretationsvorschlag vorzulegen, welcher einige zentrale Zusammenhänge im Hinblick auf die genannte theoretische Relevanz darstellt, war diese Vorgehensweise legitim. Ziel war es nicht, den subjektiven Gehalt dieser Aussagen zu überwinden, um allgemein gültige Aussagen daraus abzuleiten, sondern gerade diesen subjektiven Gehalt im Hinblick auf ihre weltbeziehungstheoretische Erklärungskraft zu explizieren, um so zu zeigen, wie eine theoretische Analyse strukturiert sein muss, um die Transformation von Weltbeziehung durch die Transformation von Welt in den Blick zu bekommen – was in intersubjektiv nachvollziehbarer Weise gelang. Die vorgelegte Argumentation eignet sich in besonderer Weise, um die eigentliche Erfahrung der Katastrophe als Weltverlust zu beschreiben, benötigt aber gerade deshalb eine weitere und stärker empirisch orientierte Fundierung, um auch auf andere vergleichbare Phänomene übertragbar sein zu können.

Zusammenfassend lässt sich festhalten, dass gezeigt werden konnte, dass der Erfahrungsgehalt der Katastrophe in den Aussagen der Zeugen als Weltverlust beschrieben werden kann, weil durch die radioaktive Kontamination Welt als Horizont von Weltbeziehung prekär wird und sich dadurch die subjektive Rezeption von Welt verändert. Das heißt, dass mithilfe der These dieser Untersuchung gezeigt werden konnte, wie die Veränderung einer materiellen Qualität von Welt zu einer Transformation von Weltbeziehung führen kann. Durch den Zusammenbruch subjektiver Deutungsmuster im Augenblick der Katastrophenerfahrung wurde so die fundamentale Bezogenheit von Subjekt und Welt erkennbar. Die Beschreibung dieser Bezogenheit im Augenblick des Verlustes legte damit offen, dass Modi von Weltbeziehungen nicht nur durch subjektive Welthaltungen konstituiert sind, sondern ebenso durch Welt als materielle und erfahrbare Entität. Durch die Analyse der Rezeption von Welt im Moment ihres Verlustes konnte damit diese transformative Wirkung von Welt auf Weltbeziehung dargestellt werden.

Durch die besondere Hervorhebung von Materialität als wesentlichen Erklärungsfaktor im Rahmen dieser Analyse konnte ebenfalls gezeigt werden, dass diese Transformation von Weltbeziehung erst vor dem Hintergrund der Theoretisierung von Materialität als etwas Aktives, denn als bloßer Widerstand gegenüber dem Sozialen, nachvollziehbar wird. Materialität erhält ihre analytische Relevanz, *gerade weil* sie in einem gewissen Sinne, als etwas den Subjekten gegenüber eigenständig Wirksames, beschrieben werden kann. Die Einbeziehung materieller *Agency* in die Analyse von Weltbeziehungen ermöglicht es, die Möglichkeit von Weltbeziehungen auch vom Welt-Pol aus zu konzeptionieren. Die Einbeziehung von Materialität in die Sozialtheorie lässt sich – wie in dieser Untersuchung gezeigt – als eigenständige Weise des „Weltzugangs“ formulieren, mit deren Hilfe ganz bestimmte subjektive Erfahrungsgehalte in den Fokus der Analyse treten (vgl. Lindemann 2014: 11). Vor diesem Hintergrund lässt sich die eingangs zitierte Frage von Henkel, ob soziologische Kernparadigmen in Anbetracht einer potentiell unverfügbaren und anthropogen veränderten Materialität einer Erweiterung ihrer Perspektive bedürfen (vgl. Henkel 2017: 280), eindeutig und nachdrücklich bejahen. Insbesondere in der Analyse von Kontamination und (Um-)Weltzerstörung ist eine Berücksichtigung des Materiellen erforderlich, um diese Phänomene nicht nur zu beschreiben, sondern einem vertieften Verständnis im Hinblick auf soziale Weltverhältnisse zugänglich zu machen – was die sozialtheoretische Relevanz von Materialität abschließend noch einmal verdeutlicht.

Im Hinblick auf die theoretische Fundierung der Soziologie der Weltbeziehung ergibt sich daraus, dass es sich bei Resonanz zwar immer auch um einen gesellschaftlich-historisch kontingenten Modus von Weltbeziehung handelt, sich die Erfahrung von Resonanz jedoch nicht auf ein Deutungsmuster reduzieren lässt. Wie am Fallbeispiel gezeigt wurde, geht Resonanz auch dann verloren, wenn Welt als das erreichbare Gegenüber von Weltbeziehung verloren geht – und zwar ohne dass sich zuvor die Resonanzsensibilität und damit verbundene Deutungsmuster der Subjekte verändern müssen. Vielmehr kann dieser Verlust überhaupt erst dann erfahren werden, *wenn* die Resonanzsensibilität in der Verlusterfahrung erhalten bleibt. Daher wird im Rahmen dieser Diskussion für eine realistische Epistemologie in der Resonanztheorie plädiert, um Welt als basalen und materiell erfahrbaren Kontaktraum stärker zu fundieren, um so das basale *in-die-Welt-Gestelltsein* der Subjekte (auch jenseits von Deutungsmustern) präziser theoretisieren zu können.

Aus der Theoretisierung des Weltverlustes als Folge einer materiellen Transformation von Welt, welche die Möglichkeit für Resonanz limitiert, ergibt sich nun abschließend die Frage, ob Resonanzfähigkeit auch als ontologische Qualität zu denken ist. So fragt Rosa, „[…] ob Resonanzbeziehungen jenseits intersubjektiver Beziehungen als symmetrisch oder asymmetrisch zu denken sind“ (Rosa 2017: 322). Im Hinblick auf die Analyseergebnisse dieser Arbeit lässt sich festhalten, dass durch die Analyse des materiellen Weltverlustes als Resonanzverlust quasi *ex-negativo* eine Perspektive dafür eröffnet wird, Resonanzfähigkeit im Umkehrschluss auch als eine ontologische Qualität von Welt zu denken. Denn wenn durch die radioaktive Kontamination die Möglichkeit für Resonanz auf Seiten der Welt verloren geht, obwohl die Subjekte über eine Resonanzsensibilität verfügen, dann verweist dies darauf, Resonanz als symmetrisches Konzept zu definieren, in dem die materielle Qualität von Welt ebenso ihre Berücksichtigung findet, wie die Welthaltung der Subjekte. Wenn Welt und Materialität deshalb nicht nur als passive Projektionsflächen für die Welthaltung der Subjekte, sondern auch als aktiv antwortendes Gegenüber beschrieben werden sollen, ist die Berücksichtigung der *Agency* der Materialität als genuine Beziehungsfähigkeit der Welt erforderlich. Dies eröffnet auch eine Perspektive auf die konzeptionelle Frage, ob sich materielle Objekte zueinander resonant oder entfremdet verhalten können (ebd.: 323). Dinge können auch dann entfremdet sein, wenn ihre *innere Konstitution* sie aus dem Beziehungsgeflecht des Weltganzen herauslöst (vgl. Tsing 2018: 171). Die negative Umkehrung der Beziehungsfähigkeit einer total verdinglichten Materialität, welche am Beispiel der *negativen Unverfügbarkeit* der Radionuklide beschreiben wurde, verweist damit auf ein – wie Uexküll dies formuliert – *verborgenes Naturgesetz*, das der totalen Verdinglichung der Weltdinge ohne Resonanzverlust eine anscheinend unüberwindliche Grenze zu setzen scheint (vgl. Uexküll 1987: 5).

5.2. Diskussion der theoretischen Begriffsbildung: Der Beitrag der Begriffe „materielle Weltbeziehung“ und „Weltkatastrophe“ für die Soziologie der Weltbeziehung

Es erfolgt nun eine gesonderte Diskussion der analytischen Begriffsbildung der Arbeit. So wurden im Anschluss an die Soziologie der Weltbeziehung und ausgewählter theoretischer Ansätze, wie der Phänomenologie der Materialität, der Risikosoziologie und der *Unfallphilosophie*, die Begriffe „materielle Weltbeziehung“ und „Weltverlust“ bzw. „Weltkatastrophe“ formuliert. Eine Diskussion ihrer Erklärungskraft ist sinnvoll, um ihre spezielle Leistungsfähigkeit in Abgrenzung zur Terminologie der Soziologie der Weltbeziehung hervorzuheben und ihre Übertragbarkeit auf weitere Phänomene aufzuzeigen. Dies schließt auch eine Diskussion des beschriebenen *Struggle* für Resonanz ein.

Im Anschluss an den bereits von Rosa differenzierten Begriff von Welt als Horizont von Weltbeziehung und Ganzes der Erfahrbarkeit, nahm die analytische Begriffsbildung dieser Arbeit ihren Ausgangspunkt in einer stärkeren Akzentuierung der Teilaspekte der ontologischen Sicherheit und der Materialität. Durch eine dezidiert phänomenologisch orientierte Beschreibung der Eigenschaften von Materialität und der Hervorhebung von ontologischer Sicherheit, nicht nur als soziales Deutungsmuster, sondern als Erfahrungsqualität von Welt – wie dies insbesondere Böhme illustriert hat – konnte Welt als materiell erfahrbares und konkretes Gegenüber von Weltbeziehung beschrieben werden. *In-der-Welt-Sein* heißt demnach immer schon mit ihren Entitäten in einem basalen Kontaktverhältnis zu stehen. Damit konnte auch in eigeschränkter Weise konkretisiert werden, wie sich qua Materialität zwischen Subjekt und Welt ein Beziehungsverhältnis konstituieren kann.

Hieran knüpft nun der Begriff der materiellen Weltbeziehung an. Als analytischer Begriff klassifiziert dieser auf der einen Seite eine Gruppe von subjektiven Welthaltungen und auf der anderen Seite eine Gruppe von konkreten Weltausschnitten, in denen jeweils Materialität das konkrete und primäre der Erfahrung bildet. Dies ist den Aussagen der Zeugen zu entnehmen, wie z. B. in der Feld- und Gartenarbeit, im Spielen, in der körperlichen Selbstwirksamkeit oder allgemein im autotelischen Kontakt zur Welt. Eine heuristische Klassifizierung erfolgt parallel zu den in der Soziologie der Weltbeziehung formulierten Resonanzachsen und Gruppierungen von Weltbeziehungen, wobei eine große Überschneidung mit der diagonalen Resonanzachse vorhanden ist. Durch die Akzentuierung von Materialität ist es möglich, bestimmte Weltausschnitte immer dann in die Analyse einzubeziehen, wenn sie qua ihrer Materialität einen wirksamen Faktor im Beziehungsgeschehen bilden. Dies gilt insbesondere für die konkreten Erfahrungsqualitäten der Natur. Erst durch die analytische Beschreibung von Weltbeziehung als primär materielle Weltbeziehung im Rahmen der Fallstudie war es möglich, den besonderen Erfahrungsgehalt der Katastrophe im Hinblick auf ihr Wesen und ihre Dimensionalität zu explizieren. Eine reine Beschränkung entweder auf die Materialität der Katastrophe oder die subjektive Rezeption von Welt in den Aussagen der Betroffenen hätte die Beschreibung der bereits als unzureichend kritisierten bisherigen Erklärungsversuche bloß reproduziert. Erst durch das argumentative Verbinden beider Aspekte konnte ein vertiefter Zugang gewonnen werden. Es lässt sich festhalten, dass der Begriff der materiellen Weltbeziehung eine nützliche Heuristik bildete, um die für diese Argumentation relevanten Aspekte hervorzuheben und zu beschreiben. Dennoch lässt sich auch sagen, dass gerade weil die potenzielle Erklärungskraft demonstriert werden konnte, eine weitere Fundierung notwendig ist.

Ähnliches lässt sich auch für den Begriff der Weltkatastrophe festhalten. Auch hier findet der Begriff seine Fundierung in den Begriffen des Weltverlustes und Resonanzkatastrophe, welche bereits umfangreich in der Soziologie der Weltbeziehung beschrieben wurde. In Abgrenzung hierzu konnte mithilfe des Begriffes der Weltkatastrophe aufgezeigt werden, was diesen Weltverlust eigentlich ausmacht. Denn wie den Aussagen der Zeugen eindeutig zu entnehmen war, bedeutet Weltverlust nicht einfach das Verschwinden von Welt als Gegenüber und damit das Abbrechen von Weltbeziehung, sondern vielmehr eine Transformation von Weltbeziehung, weil sich Welt in ihrem Verlust immer auch auf eine andere Weise exponiert. Das heißt, Welt kann eben nicht auf eine physische Weise verloren gehen, sondern sich vielmehr in einer Weise verändern, dass sie nicht mehr für Subjekte erreichbar ist – obwohl sie weiterhin *da* ist. Am Beispiel der radioaktiven Kontamination konnte dieses Phänomen exemplarisch illustriert werden. Daran konnte ebenfalls gezeigt werden, dass Weltverlust im Hinblick auf die Transformation von Welt als etwas materiell Erfahrbares, immer auch bedeutet, Welt als Ganzes zu verlieren. Durch den Verlust der ontologischen Sicherheit wurde so gezeigt, dass Weltverlust immer auch eine Weltkatastrophe ist, weil sie Welt als Ganzes der Erfahrbarkeit infrage stellt. Dieser Verlust wird den Subjekten zur Katastrophe, weil sie sich in einer unauflöslichen Bezogenheit zur Welt befinden, die besonders durch eine repulsive Transformation von Welt zum Problem wird. Nur vor diesem Hintergrund kann ein Weltverlust als Transformation von Weltbeziehung beschrieben werden. Insbesondere der Teilaspekt der *negativen Unverfüg-*

barkeit[16] konnte hier zur Erklärungskraft des Begriffs beitragen, weil dieser zeigt, dass Welt nicht mehr erreichbar ist, weil ihre transformierte Materialität dem Beziehungsbegehren der Subjekte eine innere und äußere Grenze setzt.

Deshalb wird im Rahmen dieser Arbeit dafür plädiert, den Begriff der Weltkatastrophe auch auf die Analyse *strukturähnlicher* Phänomene zu übertragen. Dies ist insbesondere dann geboten, wenn – wie Nancy konstatiert – das Wesen moderner Technikkatastrophen darin begründet liegt, dass es sich hier nicht um zeitlich und lokal eingrenzbare Ereignisse handelt, sondern diese immer eine Vielzahl von räumlich und zeitlich unverfügbaren Folgewirkungen entfalten (vgl. Nancy 2013: 7-12). Somit gilt, dass es sich bei zahlreichen Umweltkatastrophen zugleich immer auch um Weltkatastrophen handeln würde, wie hier am Beispiel der Katastrophe von Tschernobyl illustriert wurde, was aber beispielsweise auch übertragbar wäre auf die Atomkatastrophe in Fukushima, der gigantischen Ölpest infolge der Explosion der Ölplattform *Deepwater Horizon* 2010, den verheerenden ökologischen Folgen des anhaltenden Einsatzes von Pestiziden oder der Frackingtechnologie und ganz allgemein auf die fortschreitende Verschmutzung der Lebenswelt durch anthropogene Stoffe, wie z.B. Mikroplastik oder endokrine Disruptoren. Aber auch die drastischen ökologischen Folgen des Klimawandels ließen sich unter diesem Aspekt diskutieren.

Diesen Phänomenen ist gemein, dass die *Agency* einer anthropogen veränderten, aber trotzdem unverfügbaren Materialität zum Verlust von Weltausschnitten führt. Nach Soentgen macht genau dieser Umstand die eigentliche Tragweite der ökologischen Krise aus. In diesem Sinne wäre die ökologische Krise als Weltkatastrophe zu beschreiben: Mit der Zerstörung der äußeren Natur zerstört der Mensch letztlich seinen eigenen Platz in der Welt (vgl. Rosa 2014: 123). Das heißt, durch den Verlust von Weltausschnitten und Beziehungsqualitäten verliert der Mensch immer mehr an Möglichkeiten für Weltbeziehung selbst, bis schließlich in Anbetracht einer toxischen und repulsiven Welt einzig eine negative und destruktive Welthaltung als Weise einer tätigen Weltbeziehung verbleibt. Das Vergraben der kontaminierten Weltdinge in der Zone wirft damit ein Schlaglicht auf einen Teufelskreis aus Verdinglichung, *negativer Unverfügbarkeit* und Weltverlust[17].

16 Insbesondere in Abgrenzung zum Phänomen der *negativen Resonanz* konnte so auch erläutert werden, warum das Phänomen des Weltverlustes nicht sinnvoll als Resonanzerfahrung beschrieben werden kann und sollte.

17 Auch in der Sperrzone von Fukushima ist dieses Phänomen zu beachten, denn es werden dort im Zuge der Dekontaminierungsarbeiten ganze Landschaften abgetragen und in unzählige schwarze Kunststoffsäcke verfüllt. Die sich so auftürmenden Pyramiden symbolisieren die Endgültigkeit des Weltverlustes in drastischer Weise.

Der Begriff der Weltkatastrophe eignet sich damit als Zeitdiagnose zur analytischen Erschließung einer „Universalität des Desasters“ (Virilio 2008), und damit einer fortschreitenden Prekarisierung resonanter Weltbeziehung im Zeitalter des Anthropozän. Dies gilt umso mehr, als das gezeigt werden konnte, dass Weltverlust immer auch die Chance für die – noch so schwierige – Wiedererlangung von Resonanz bietet. Aus der gezeigten Dialektik von Entfremdung und Resonanz (vgl. Rosa 2016: 316) ergibt sich, dass auch massive und totale Entfremdungserfahrungen die Möglichkeit für ein anderes Weltverhältnis bergen, da sich Welt in ihrem Verlust auf unmittelbare Weise exponiert. Damit transzendiert die Weltkatastrophe das destruktive Weltverhältnis der Moderne. Für die weitere Theoriebildung bedeutet dies, dass die analytische Beschäftigung mit Weltkatastrophen immer auch nach den verschütteten Möglichkeiten für ein gelingendes und unmittelbares Weltverhältnis fragen muss.

5.3. Forschungsperspektiven: Materialität und Verlust als Kategorien der Sozial- und Gesellschaftstheorie

Im Anschluss an die Ergebnisse der Untersuchung sollen nun abschließend sich daraus ergebende Forschungsperspektiven vorgestellt werden. Dies ist auch deshalb geboten, weil es eines der Hauptziele der Untersuchung war, im Anschluss an den beschriebenen Weltverlust neue Perspektiven für die soziologische und gesellschaftstheoretische Theoriebildung aufzuzeigen – wobei es erstaunlich ist, dass es sich hier noch immer um Forschungslücken handelt.

Mit Blick auf die Totalität der technoökologischen Katastrophen der Spätmoderne, für die Tschernobyl zweifelsohne zum Sinnbild geworden ist, konstatiert Virilio:

> „Tatsächlich ist der Unfall plötzlich bewohnbar geworden auf Kosten der Substanz der Alltagswelt… Eben das ist der ‚vollständige Unfall‘, der uns vollständig in sich aufnimmt und manchmal auch physisch auflöst“ (Virilio 2005: 63).

Die Tatsache, dass Weltverlust keinen Verlust, sondern eine – pathogene – Transformation von Weltbeziehung bedeutet, wirft dies die Frage auf, was für eine Welt da eigentlich mit der Totalisierung des Unfalls im Entstehen begriffen ist. Mehr noch: Was für eine Welt bringt die *welterzeugende* Bestrebung der Verfügbarmachung von Materialität hervor? Und was bedeutet dies für die Möglichkeit von Weltbeziehung?

Als erstes – und wichtigstes – Forschungsfeld, das sich im Anschluss an die hier durchgeführte Analyse ergibt, lässt sich das Verhältnis von Materialität, Sozialität und Weltbeziehung benennen. Denn wenn Gesellschaft durch spezifische Formen von Welthaltung einen gestaltenden Einfluss auf ihre materielle Umwelt ausübt, ist aus dezidiert gesellschaftstheoretischer Perspektive danach zu fragen, wie sich Sozialität und Materialität durch Weltbeziehung wechselseitig durchdringen. Das heißt, wie Sozialität zum einen durch Weltbeziehung Materialität verfügbar macht und in ihrer Konstitution prägt, wie aber auch eine als aktiv und potenziell unverfügbar gedachte Materialität ihrerseits die Möglichkeit für Weltbeziehung beeinflusst. Die Soziologie der Weltbeziehung bietet hierzu die Möglichkeit Materialität aus einer kritischen und gesellschaftheoretischen Perspektive zu betrachten und ihre – bereits mit Henkel konstatierte – Bedeutung im Hinblick auf Sozialität und menschliches *in-der-Welt-Sein* zu analysieren. Eine mögliche Arbeit müsste deshalb in Anbetracht von Weltverlust und Kontamination grundlegend danach fragen, welche Möglichkeiten sich für Weltbeziehungen im *materiellen Milieu* der Spätmoderne bzw. des Anthropozän ergeben und wie dies Sozialität und Gesellschaft in ihrer Konstitution beeinflusst.

Besondere theoretische Relevanz kommt diesem Thema zu, weil es – wie das Beispiel dieser Arbeit illustriert – ein fundamentales Zusammenspiel zwischen Sozialität, Materialität und Weltbeziehung gibt, aber auch, weil es bei einer dezidiert gesellschaftstheoretischen Perspektive auf Materialität um einen weißen Fleck in der Gesellschaftstheorie handelt:

> „Bislang liegen zwar mikrosoziologische Studien zum Mitwirken von Materialität im Sozialen vor sowie Ansätze Materialität als aktiv zu denken; doch es steht die Entwicklung einer Perspektive aus, die danach fragt, wie mit einer potentiell gesellschaftsevolutionär unterschiedlichen Konstitution dessen, was dieser gesellschaftlichen Formation Materialität ‚ist', sich die Form der sozialen Einbettung dieser je spezifischen Materialität verändert" (Henkel 2017: 280).

Der hier verwendete Begriff der materiellen Weltbeziehung könnte dabei als analytische Heuristik dienen, um bestimmte Formen der subjektiven Welthaltung und bestimmte anthropogen veränderte Weltausschnitte unter diesem Aspekt in ihrem Zusammenhang zu beschreiben. Als Vorlage hierfür könnte Serres Beschreibung der Verschmutzung als einer pathogenen Aneignung von Welt – welche zu einer Enteignung ihrer Unmittelbarkeit führt – dienen, da diese als Modus von Weltbeziehung so einen Blick auf das gesellschaftliche Verhältnis zu Materialität eröffnen würde (Serres 2009). Auch Rosas Frage, in welchem Zusammenhang der Raubbau an der Erde und die stetig steigende Produktion von Giftstoffen mit einer kulturell und institutionell verhärteten Welthaltung steht (vgl. Rosa 2012: 404), kann hier als Anhaltspunkt verwendet werden. Im Kontext der hier vorgelegten Analyse sollte das materielle Weltverhältnis der Moderne im Spannungsfeld zwischen Weltverlust und Welterzeugung diskutiert werden. Ziel einer solchen Perspektive kann es nur sein, diese klaffende Forschungslücke zu schließen und Materialität neben Raum und Zeit als eigenständige Kategorie der soziologischen Theoriebildung zu etablieren.

In Anbetracht der hier analysierten Verlusterfahrungen der Betroffenen ergibt sich ein weiteres Forschungsthema, das danach fragt, welche Bedeutung Verlust als existenzielle Konstante im Hinblick auf Sozialität und gesellschaftlichen Weltverhältnissen zukommt. So verfügt das Phänomen des Weltverlustes – insbesondere im Zeitalter des Anthropozän – über eine entscheidende sozialtheoretische Relevanz, wie Claessens bereits 1963 erkannte:

> „Die Maßstäbe oder Parameter menschlichen Verhaltens sind heute zunehmend dem menschlichen Zugriff selbst ausgesetzt. Insofern das geschieht, werden die mit dem Wort ‚Weltverlust' zu fassenden Probleme gerade für die Soziologie ständig bedeutsamer werden" (Claessens 1963: 525).

Gemeint ist damit, dass Verlust zu den grundlegenden und allgegenwärtigen Erfahrungen des Menschseins gehört, dessen Bedeutung aber im Rahmen der Soziologie bisher noch nicht systematisch aufgearbeitet wurde. Im Kontext einer sich scheinbar ausweitenden Verlusterfahrung als Charakteristikum von Subjektivität in der Spätmoderne, wäre danach zu fragen, was überhaupt verloren werden kann bzw. welche Erfahrungen als Verlust beschrieben werden können, welche Bedeutung diese Verluste im Hinblick auf Selbst- und Weltverhältnisse ausüben sowie ob sich im Verlust wiederum eine veränderte existenzielle Disposition erkennen lässt, welche diesen hin zu anderen Daseinsformen transzendieren kann – wie am Beispiel des *Struggle* für Resonanz beschrieben wurde. Eine *Soziologie des Verlustes* müsste sich dem Verlust, als ein Verschwinden von Dingen, Natur, Gewissheiten, Beziehungen usw. in allen seinen Facetten widmen, um diese existenzielle Grunderfahrung in ihrem Gehalt und in ihren existenziellen Folgen im Hinblick auf andere Weltverhältnisse zu einer grundlegenden Kategorie der Sozial- und Gesellschaftstheorie zu machen.

6. Resümee

Zum Abschluss dieser Arbeit bleibt vor allem eine Frage: Was bedeutet die Atomkatastrophe von Tschernobyl allgemein für das Weltverhältnis der Spätmoderne? Was für eine Welt befindet sich in Anbetracht der Weltkatastrophe im Entstehen? Es konnte gezeigt werden, dass die fundamentalen und existenziellen Verlusterfahrungen der Opfer des Super-GAUs den eigentlichen Erfahrungsgehalt der Katastrophe bilden. Denn die radioaktive Kontamination bedeutet nicht nur eine Verschmutzung der Umwelt, sondern vor allem den Verlust der ontologischen Sicherheit. Welt wird nicht mehr als das positive, unmittelbare und notwendige Gegenüber der Subjekte erfahren, sondern wird diesen zur Bedrohung. Welt transformiert sich damit in einer Weise, die sie selbst repulsiv werden lässt: Sie ist den Subjekten nicht mehr erreichbar. Dennoch bleibt Welt physisch erhalten und exponiert sich im Moment ihres Verlustes sogar auf neue Weise. Welche Schlüsse lassen sich daraus für die weitere Analyse des modernen Weltverhältnisses ziehen?

Bereits vor über einem Jahrhundert konstatierte der große österreichische Gesellschaftskritiker Karl Kraus mit Blick auf das durch den technischen Fortschritt veränderte Weltverhältnis der modernen Gesellschaft: „[Der Fortschritt] feiert Pyrrhussiege über die Natur“ (Kraus 1909: 11). Diese Aussage lässt sich problemlos auf das Thema dieser Arbeit übertragen, denn wie gezeigt wurde, führt jeder Versuch einer Verfügbarmachung und Verdinglichung der Natur unweigerlich zu einer Ausdehnung des Horizontes des Unverfügbaren. In diesem Sinne ist die – von Oppenheimer noch als Höhepunkt der menschlichen Macht gefeierte – Verdinglichung des Atoms, wohl der größte Pyrrhussieg des Fortschritts. Denn mit der Freisetzung der radioaktiven Materialität hat sich in den verstrahlten *Entfremdungszonen* der Horizont des Unverfügbaren nun soweit ausgedehnt, dass Welt selbst nicht mehr erreichbar erscheint. Der Mensch verliert qua seiner eigenen Leiblichkeit seinen Platz in einer nun kontaminierten und repulsiven Welt. Der Super-GAU wird damit zur Weltkatastrophe. Dennoch scheint es, dass auch mehr als dreißig

Jahre nach Tschernobyl, mehr als fünf Jahre nach Fukushima und weitere technoökologischen Katastrophen später, diese *existenzielle Gefahr* noch immer nicht erkannt ist. Trotz Kontamination, Artensterben und Klimawandel setzt sich das offenkundig destruktive Weltverhältnis der Moderne weiter fort, ohne dass sich ein erweitertes Verständnis der Folgen dieses Tuns – über ihre bloße empirische Beschreibung hinaus – entwickeln würde. Vielmehr gilt das Wort von Adorno, das die Menschheit nach Ereignissen fortlebt, „[...] welche eigentlich auch die Überlebenden nicht überleben können, auf einem Trümmerhaufen, dem es noch die Selbstbesinnung auf die eigene Zerschlagenheit verschlagen hat" (Adorno 1994: 285).

Wie können Sozial- und Gesellschaftstheorie Perspektiven entwickeln, die die existenziellen Folgen und Auswirkungen durch die Verfügbarmachung von Welt und ihrem Verlust zugänglich machen? Auch hierzu eignet sich die Erfahrung des Verlustes als Ausgangspunkt, wie Adorno in seiner abschließenden Reflexion der *Minima Moralia* beschreibt:

> „Philosophie, wie sie im Angesicht der Verzweiflung einzig noch zu verantworten ist, wäre der Versuch, alle Dinge so zu betrachten, wie sie vom Standpunkt der Erlösung aus sich darstellten. Erkenntnis hat kein Licht, als das von der Erlösung her auf die Welt scheint: alles andere erschöpft sich in der Nachkonstruktion und bleibt ein Stück Technik. Perspektiven müssen hergestellt werden, in denen Welt ähnlich sich versetzt, verfremdet, ihre Risse und Schründe offenbart, wie sie einmal als bedürftig und entstellt im Messianischen Licht daliegen wird. Ohne Willkür und Gewalt, ganz aus der Fühlung mit den Gegenständen heraus solche Perspektiven zu gewinnen, darauf allein kommt es dem Denken an. Es ist das Allereinfachste, weil der Zustand unabweisbar nach solcher Erkenntnis ruft, ja weil die vollendete Negativität, einmal ganz ins Auge gefasst, zur Spiegelschrift ihres Gegenteils zusammenschießt" (Adorno 2012: 283).

Obwohl Adorno diese Perspektive im Weiteren relativiert, zeigt sich hier doch, wie diese Welt betrachtet werden müsste, um über die bloße theoretische Reproduktion ihres Zustandes in der Analyse hinaus gelangen zu können. Indem Welt in all ihrer Versehrtheit und Entfremdung beschrieben wird, eröffnet sich ein Zugang zur existenziellen Dimension dieses Zustandes: Zur Frage, wie sich subjektives und kollektives *in-der-Welt-Sein* und Weltbeziehung in einer Welt konstituieren, welche immer weniger die Möglichkeit für echte Resonanz bietet. Wie im Rahmen dieser Arbeit ausführlich demonstriert wurde, eignet sich die analytische Erschließung von Erfahrungen, wie die des Weltverlustes, in besonderer Art um diese – die bloße Empirie transzendierende – existenzielle Dimension offenzulegen. Denn in ihrem Verlust exponiert sich Welt in einer Weise, die eine neue Perspektive auf die ihr inhärenten Möglichkeiten zu Sein eröffnet – wie z. B. Nancy und Tsing konstatieren. Die Weltkatastrophe wird damit zur *vollendeten Negativität*, die – wie Adorno beschreibt – eine andere Weise des Daseins erschließt. Eine solche Perspektive würde damit „[die] kommende Philosophie der postindustriellen *Eschatologie*“ (Virilio 2005: 18) denkbar werden lassen. Eine solche Philosophie hätte in Anbetracht der drohenden Weltkatastrophe – als Summe der existenziellen Folgen der (Um-)Weltzerstörung – danach zu fragen, wie nachmoderne Formen des subjektiven und kollektiven *in-der-Welt-Seins*, wie Resonanz als existenzielle Weise des Gegenwärtig-Seins in Welt denkbar und möglich sein kann.

7. Literaturverzeichnis

Abbott, Owen (2016): *Posthumanist Perspectives and the Chernobyl Disaster: Dances of Agency, Temporal Emergence, and Disaster Risk Management*. In: International Journal of Mass Emergencies & Disasters, 34. Jg., H. 2, S. 231-249.

Achazi, Rudolf K. (2010): *Der Tschernobyl-GAU. Die Wirkung ionisierender Strahlung auf Tiere, Pflanzen und Ökosysteme*. In: Mez, Lutz/ Gerhold, Lars/de Haan, Gerhard (Hrsg.): *Atomkraft als Risiko. Analysen und Konsequenzen nach Tschernobyl*. Frankfurt am Main: Peter Lang, S. 119-152.

Adam, Barbara (1998): *Timescapes of Modernity. The Environment and Invisible Hazards*. London: Routledge.

Adorno, Theodor W. (1994). *Versuch das Endspiel zu verstehen*. In: Ders.: *Noten zur Literatur*. Frankfurt am Main: Suhrkamp, S. 281-324.

Adorno, Theodor W. (2012): *Minima Moralia. Reflexionen aus dem beschädigten Leben*. Frankfurt am Main: Suhrkamp.

Alexijewitsch, Swetlana (2006): *Stimmen aus Tschernobyl*. In: Aus Politik und Zeitgeschichte, H. 13/2006, S. 3-11.

Alexijewitsch, Swetlana (2015): *Tschernobyl. Eine Chronik der Zukunft*. München/Berlin: Piper.

Alexijewitsch, Swetlana (2015b): *Von einer verlorenen Schlacht*. Nobelvorlesung. Stockholm: Nobelstiftung.

Alexijewitsch, Swetlana/Virilio, Paul (2003): *Radioaktives Feuer. Warum die Erfahrung von Tschernobyl unser Weltbild in Frage stellt*. In: Lettre International, 60. Jg., H. 1, S. 11-15.

Alves, Elsa (2015): *The Specter of Chernobyl. An Ontology of Risk*. In: Gil, Isabel Capeloa/Wulf, Christoph (Hrsg.): *Hazardous Future. Disaster, Representation and the Assessment of Risk*. Berlin/München/Boston: Walter de Gruyter, S. 127-136.

Arndt, Melanie (2011): *Tschernobyl. Auswirkungen des Reaktorunfalls auf die Bundesrepublik und die DDR*. Erfurt: Landeszentrale für politische Bildung Thüringen.

Arndt, Melanie (2012): *Memories, Commemorations, and Representations of Chernobyl. Introduction*. In: Anthropology of East Europe Review, 30. Jg., H. 1, S. 1-12.

Arndt, Melanie (2016): *Tschernobyl. Die bekannte, unbekannte Katastrophe*. In: Aus Politik und Zeitgeschichte, H. 12-13/2016, S. 3-10.

Baudrillard, Jean (1992): *Transparenz des Bösen. Ein Essay über extreme Phänomene*. Berlin: Merve.

Baudrillard, Jean (1994): *Die Illusion des Endes oder Der Streik der Ereignisse*. Berlin: Merve.

Baudrillard, Jean (2008): *Warum ist nicht alles schon verschwunden?* Berlin: Matthes & Seitz.

Beck, Ulrich (1986a): *Der anthropologische Schock. Tschernobyl und die Konturen der Risikogesellschaft*. In: Merkur, 40. Jg., H. 8, S. 653-663.

Beck, Ulrich (1986b): *Risikogesellschaft. Auf den Weg in eine andere Moderne*. Frankfurt am Main: Suhrkamp.

Beck, Ulrich (1988): *Gegengifte. Die organisierte Unverantwortlichkeit*. Frankfurt am Main: Suhrkamp.

Beckett, Samuel (2005): *Endspiel*. In: Ders.: *Drei Stücke*. Frankfurt am Main: Suhrkamp, S. 107-160.

Bernstein, Jeremy (2007): *Plutonium. A History of the World's most Dangerous Element*. Washington: Josepf Henry Press.

Block, Katharina (2016): *Von der Umwelt zur Welt. Der Weltbegriff in der Umweltsoziologie*. Bielefeld: Transcript.

Blumenberg, Hans (2015): *Vom Unbehagen in der Natur. Gedanken beim Vorüberfliegen eines unsichtbaren Kometen*. In: Ders.: *Schriften zur Technik*. Berlin: Suhrkamp, S. 54-56.

Böhme, Gernot (1989): *Für eine ökologische Naturästhetik*. Frankfurt am Main: Suhrkamp.

Böhme, Gernot (1992): *Natürlich Natur. Über Natur im Zeitalter ihrer technischen Reproduzierbarkeit*. Frankfurt am Main: Suhrkamp.

Böhme, Gernot (2003): *Leibsein als Aufgabe. Leibphilosophie in pragmatischer Hinsicht*. Zug: Die graue Edition.

Böhme, Gernot (2008): *Invasive Technisierung. Technikphilosophie und Technikkritik*. Zug: Die graue Edition.

Boos, Susan (1996): *Beherrschtes Entsetzen. Das Leben in der Ukraine zehn Jahre nach Tschernobyl*. Zürich: Rotpunkt.

Böseke, Harry/Wagner, Berhard (Hrsg.) (1987): *Sind es noch die alten Farben? Nach Tschernobyl: Jugendliche und Erwachsene schreiben*. Weinheim/Basel: Beltz & Gelberg.

Bromet, Evelyn J. (2012): *Mental Health Consequences of the Chernobyl Disaster*. In: Journal of Radiological Protection, 32. Jg., H. 1, S. 71-75.

Brown, Kate (2012): *Chernobyl Mono-Cropped*. In: Martin, Gary/Mincyte, Diana/Münster, Ursula (Hrsg.): *Why Do We Value Diversity? Biocultural Diversity in a Global Context*. RCC Perspectives, no. 9., S. 53-57.

Brown, Kate (2015): *Plutopia. Nuclear Families, Atomic Cities, and the Great Soviet and American Plutonium Disasters*. Oxford: Oxford University Press.

Brown, Kate (2017): *Blinkered Science: Why we know so little about Chernobyl's Health Effects*. In: Culture, Theory and Critique, 58. Jg., H. 4, S. 413-434.

Claessens, Dieter (1963): *Weltverlust als psychologisches und soziologisches Problem*. In: Archiv für Rechts- und Sozialphilosophie, 49. Jg., S. 513-525.

Clemenz, Manfred (1989): *Tschernobyl – eine normale Katastrophe? Sozialpsychologische Thesen zu den Auswirkungen der Kernenergie*. In: Wirth, Hans-Jürgen (Hrsg.): *Nach Tschernobyl. Regiert wieder das Vergessen?* Frankfurt am Main: Fischer, S. 77-98.

Cooke, Stephanie (2011): *Atom. Die Geschichte des nuklearen Irrtums*. Köln: Kiepenheuer & Witsch.

Coole, Diana (2014): *Der neue Materialismus. Die Ontologie und Politik der Materialisierung*. In: Witzgall, Susanne/Stakemeier, Kerstin (Hrsg.): *Macht des Materials/Politik der Materialisierung*. Zürich: Diaphanes, S. 29-46.

Dalhouski, Aliaksandr (2015): *Tschernobyl in Belarus. Ökologische Krise und sozialer Kompromiss* (1986-1996). Wiesbaden: Harrasowitz.

Douglas, Mary (1988): *Reinheit und Gefährdung. Eine Studie zu Vorstellungen von Verunreinigung und Tabu*. Frankfurt am Main: Suhrkamp.

Eidemüller, Dirk (2012): *Das nukleare Zeitalter von der Kernspaltung bis zur Entsorgung*. Stuttgart: S. Hirzel.

Espahangizi, Kijan/Orland, Barbara (2014): *Pseudo-Smaragde, Flussmittel und bewegte Stoffe. Überlegungen zu einer Wissensgeschichte der materiellen Welt*. In: Ders. (Hrsg.): *Stoffe in Bewegung. Beiträge zu einer Wissensgeschichte der materiellen Welt*. Zürich: Diaphanes, S. 11-38.

Finsterbusch, Kurt (1988): *The Sociological Literature on Nuclear Issues*. In: Sociological Inquiry, 58. Jg., H. 1, S. 22-48.

Folkers, Andreas (2015): *Paradigma oder Parasit? Der New Materialism, die Soziologie und die posthumanistische Herausforderung*. In: Lessenich, Stefan (Hrsg.): *Routinen der Krise – Krise der Routinen*. Verhandlungen des 37. Kongresses der Deutschen Gesellschaft für Soziologie in Trier 2014, S. 1-11.

Giddens, Anthony (1991): *Modernity and Self-Identity. Self and Society in the late Modern Age*. Stanford: Stanford University Press.

Giddens, Anthony (1996): *Konsequenzen der Moderne*. Frankfurt am Main: Suhrkamp.

Grandazzi, Guliaume (2006): *Die Zukunft erinnern. Gedenken an Tschernobyl*. In: Osteuropa, 56. Jg., H. 4, S. 7-18.

Günther, Clemens (2018): *Mehr als Geschichte. Svetlana Alexijewitschs dokumentarische Prosa*. In: Osteuropa, 68. Jg., H. 1-2, S. 83-98.

Heidegger, Martin (1990): *Wissenschaft und Besinnung*. In: Ders.: *Vorträge und Aufsätze*. Frankfurt am Main: Klostermann, S. 37-66.

Henkel, Anna (2017): *Die Materialität der Gesellschaft. Entwicklung einer gesellschaftstheoretischen Perspektive auf Materialität auf Basis der Luhmannschen Systemtheorie*. In: Soziale Welt, 68. Jg., H. 2-3, S. 279-299.

Hieschler, Karla (2018): *Die Menschenforscherin. Leben und Werk Svetlana Alexijewitschs*. In: Osteuropa, 68. Jg., S. 5-26.

Hoffstadt, Christian (2014): *Tschernobyl. Über die Aura der „Zone"*. In: Gradinari, Irina/Höltgen, Stefan (Hrsg.): *Heiße Drähte. Medien im Kalten Krieg*. Bochum: Projekt-Verlag, S. 265-277.

Hofmann, Patrick (2010): *Arbeit am Tod. Sankt Tschernobyl*. In: Merkur, 64. Jg., H. 7:, S. 640-645.

Jaeggi, Peter (Hrsg.): *Tschernobyl für immer. Von den Atombombenversuchen im Pazifik bis zum Super-GAU in Fukushima. Ein nukleares Lesebuch*. Zürich: Lenos.

Karpusheva, Anna (2017): *Svetlana Aleksievich's Voices from Chernobyl: Between an Oral History and a Death Lament*. In: Canadian Slavonic Papers, 59. Jg., H. 3-4, S. 259-280.

Kluge, Alexander (1996): *Die Wächter des Sarkophags. Zehn Jahre Tschernobyl*. Hamburg: Rotbuch.

Kluge, Alexander (2003): *Die Lücke, die der Teufel läßt. Im Umfeld des neuen Jahrhunderts*. Frankfurt am Main: Suhrkamp.

König, Hans-Dieter (1996): *Todessehnsüchte und letztes Aufbegehren. Eine tiefenhermeneutische Rekonstruktion des Endpsiels*. In: Ders. (Hrsg.): *Neue Versuche, Becketts Endspiel zu verstehen. Sozialwissenschaftliches Interpretieren nach Adorno*. Frankfurt am Main: Suhrkamp, S. 250-313.

Kostenko, Lina (1996): *Grenzsteine des Lebens. Gedichte*. Reichelsheim: Brodina-Verlag.

Kostin, Igor (2006): *Tschernobyl. Nahaufnahme*. München: Kunstmann.

Kraus, Karl (1909): *Die Entdeckung des Nordpols*. In: Die Fackel, 10. Jg., H. 287, S. 1-14.

Kuckartz, Udo (2014): *Qualitative Inhaltsanalyse. Methoden, Praxis, Computerunterstützung*. Weinheim: Beltz Juventa.

Lamla, Jörn (2003): *Anthony Giddens*. Frankfurt am Main: Campus Verlag.

Lerner, Steve (2012): *Sacrifice Zones. The Front Lines of Toxic Chemical Exposure in the United States*. Cambridge/London: MIT Press.

Lindemann, Gesa (2014): *Weltzugänge. Die mehrdimensionale Ordnung des Sozialen*. Weilerswist: Velbrück Wissenschaft.

Marchesini, Irina (2017): *A new Literary Genre. Trauma and the Individual Perspective in Svetlana Aleksievich's Chernobyl'skaia Molitva*. In: Canadian Slavonic Papers, 59. Jg., H. 3-4, S. 313-329.

Masco, Joseph (2004): *Mutant Ecologies. Radioactive Life in Post–Cold War New Mexico*. In: Cultural Anthropology, 19. Jg., H. 4, S. 517-550.

Mayring, Philipp (2015): *Qualitative Inhaltsanalyse. Grundlagen und Techniken*. Weinheim/Basel: Beltz.

Morton, Timothy (2013): *Hyperobjects. Philosophy and Ecology after the End of the World*. Minneapolis: University of Minnesota Press.

Mousseau, Timothy A./Møller, Anders P. (2011): *Landscape Portrait. A look at the Impacts of Radioactive Contaminants on Chernobyl's Wildlife*. In: Bulletin of the Atomic Scientists, 67. Jg., H. 2, S. 38-46.

Müller, Oliver (2014): *Selbst, Welt und Technik. Eine anthropologische, geistesgeschichtliche und ethische Untersuchung*. Berlin/München/Bosten: Walter de Gruyter.

Mycio, Mary (2005): *Wormwood Forest. A Natural History of Chernobyl*. Washington: The National Academies Press.

Nancy, Jean-Luc (2004): *Singulär plural sein*. Zürich: Diaphanes.

Nancy, Jean-Luc (2013): *Äquivalenz der Katastrophen (nach Fukushima)*. Zürich: Diaphanes.

Ogburn, William (1946): *Sociology and the Atom*. In: American Journal of Sociology, 51. Jg., H. 4, S. 267-275.

Pena-Vega, Alfredo (2011): *Leben in einer Welt der Verbote. Eine Vergangenheit, die nicht vergeht*. In: Osteuropa, 56. Jg., H. 4, S. 71-80.

Perrow, Charles (1987): *Normale Katastrophen. Die unvermeidbaren Risiken der Großtechnik*. Frankfurt am Main: Campus Verlag.

Peters, Christian Helge/Schulz, Peter (2017): *Resonanzen und Dissonanzen. Hartmut Rosas kritische Theorie in der Diskussion*. Berlin: Transcript.

Petryna, Adriana (1995): *Sarcophagus. Chernobyl in Historical Light*. In: Cultural Anthropology, 10. Jg. H. 2, S. 196-220.

Petryna, Adriana (2013): *Life Exposed. Biological Citizens after Chernobyl. With a new Introduction by the Author*. Princeton: Princeton University Press.

Pflugbeil, Sebastian (2010): *Alle Folgen liquidiert? Die gesundheitlichen Auswirkungen von Tschernobyl*. In: Mez, Lutz/ Gerhold, Lars/de Haan, Gerhard (Hrsg.): *Atomkraft als Risiko. Analysen und Konsequenzen nach Tschernobyl*. Frankfurt am Main: Peter Lang, S. 75-102.

Phillips, Sarah D. (2008): *Chernobyl's Sixth Sense. The Symbolism of an Ever-Present Awareness*. In: Anthropology and Humanism, 29. Jg., H. 2, S. 159-185.

Pjatrovič, Barys (2011): *Unding Tschernobyl. Erinnerung an das Frühjahr 1986*. In: Osteuropa, 61. Jg., H. 7, S. 95-106.

Plate, Christoph (2006): *Marginalien. Tschernobyl lebt*. In: Merkur, 60. Jg., H. 5., S. 459-462.

Polleri, Maxime (2015): *"Matters" of Importance: Contaminated Materiality in the Aftermath of the Fukushima Disaster*. In: Nexus. The Canadian Student Journal of Anthropology, 23. Jg., H. 1, S. 13-25.

Radkau, Joachim (2014): *Der „Größte Anzunehmende Unfall"*. In: Uekötter, Frank (Hrsg.): *Ökologische Erinnerungsorte*. Göttingen: Vandenhoeck & Ruprecht, S. 50-60.

Renn, Jürgern/Scherer, Bernd (Hrsg.) (2015): *Das Anthropozän. Zum Stand der Dinge*. Berlin: Matthes & Seitz.

Repohl, Martin (2018): *Die Katastrophe der Zeit: Die Eigenzeit radioaktiver Kontamination zwischen Zeiterfahrung und Weltbeziehung am Beispiel von Swetlana Alexijewitschs „Tschernobyl – Eine Chronik der Zukunft"*. Vortrag im Rahmen des Workshops „Materialität und Sozialität in der Erfahrung von Zeit", 25.–26. Oktober 2018 in Jena.

Rosa, Hartmut (2012): *Weltbeziehungen im Zeitalter der Beschleunigung. Umrisse einer neuen Gesellschaftskritik*. Berlin: Suhrkamp.

Rosa, Hartmut (2013): *Beschleunigung und Entfremdung. Entwurf einer kritischen Theorie spätmoderner Zeitlichkeit*. Berlin: Suhrkamp.

Rosa, Hartmut (2014): *Die Natur als Resonanzraum und als Quelle starker Wertungen*. In:
Hartung, Gerald/Kirchhoff, Thomas (Hrsg.): *Welche Natur brauchen wir? Analyse einer anthropologischen Grundproblematik des 21. Jahrhunderts*. Freiburg: Alber, S. 123-144.

Rosa, Hartmut (2016): *Resonanz. Eine Soziologie der Weltbeziehung*. Berlin: Suhrkamp

Rosa, Hartmut (2017): *Für eine affirmative Revolution. Eine Antwort auf meine Kritiker_Innen*. In: Peters, Christian Helge/Schulz, Peter (2017): *Resonanzen und Dissonanzen. Hartmut Rosas kritische Theorie in der Diskussion*. Berlin: Transcript, S. 311-329.

Rosa, Hartmut (2018a): *Resonanz als Schlüsselbegriff der Sozialtheorie*. In: Wils, Jean-Pierre (Hrsg.): *Resonanz. Im interdisziplinären Gespräch mit Hartmut Rosa*. Nomos: Baden-Baden, S. 1-19.

Rosa, Hartmut (2018b): *Available, Accessible, Attainable. The Mindset of Growth and the Resonance Conception of the Good Life*. In: Rosa, Hartmut/Henning, Christoph (Hrsg.): *The Good Life Beyond Growth. New Perspectives*. London/New York: Routledge, S. 39-54.

Rosa, Hartmut/Dörre, Klaus/Lessenich, Stephan (2017): *Appropriation, Activation and Acceleration: The Escalatory Logics of Capitalist Modernity and the Crises of Dynamic Stabilization*. In: Theory, Culture & Society, 34. Jg., H. 1, S. 53-73.

Sapper, Manfred/Tippner, Anja/Weichsel, Volker (2018): *Ecce homo*. In: Osteuropa, 68. Jg., H. 1-2, S. 3.

Scherer, Bernd (2015): *Die Monster*. In: Renn, Jürgern/Scherer, Bernd (Hrsg.) (2015): *Das Anthropozän. Zum Stand der Dinge*. Berlin: Matthes & Seitz, S. 226-241.

Serres; Michel (2009): *Das eigentliche Übel. Verschmutzen, um sich anzueignen?* Berlin: Merve.

Sloterdijk, Peter (1989): *Eurotaoismus. Zur Kritik der politischen Kinetik*. Frankfurt am Main: Suhrkamp.

Sloterdijk, Peter (2002): *Luftbeben. An den Quellen des Terrors*. Frankfurt am Main: Suhrkamp.

Soentgen, Jens (1997): *Das Unscheinbare. Phänomenologische Beschreibungen von Stoffen, Dingen und fraktalen Gebilden*. Berlin: Akademie-Verlag.

Soentgen, Jens (2014a): *Materialität. Zur Unterscheidung von ‚materiell' und ‚immateriell'*. In: Samida, Stefanie/Eggert, Manfred K. H./Hahn, Hans Peter (Hrsg.): *Handbuch Materielle Kultur: Bedeutungen, Konzepte, Disziplinen*. Stuttgart: J. B. Metzler, S. 226-229.

Soentgen, Jens (2014b): *Dissipation*. In: Espahangizi, Kijan/ Orland, Barbara (Hrsg.): *Stoffe in Bewegung. Beiträge zu einer Wissensgeschichte der materiellen Welt*. Zürich: Diaphanes, S. 275-284.

Soentgen, Jens/Hahn, Hans Peter (2011): *Acknowledging Substances. Looking at the Hidden Side of the Material World*. In: Philosophy & Technology, H. 24, S. 19-33.

Stockhausen, Tillmann von (2014): *Die verlorene Kultur der Polissja. Tschernobyl und die Folgen*. In: Ders. (Hrsg.): *Tschernobyl. Expeditionen in ein verlorenes Land*. Freiburg: Michael Imhof Verlag, S. 15-19.

Storm, Anna (2014): *Post-Industrial Landscape Scars*. New York: Palgrave Macmillan.

Strohm, Holger (1981): *Friedlich in die Katastrophe. Eine Dokumentation über Atomkraftwerke*. Frankfurt am Main: Zweitausendeins.

Strugatzki, Arkadi & Boris (2013): *Picknick am Wegesrand. Utopische Erzählung*. Frankfurt am Main: Suhrkamp.

Taylor, Charles/Dreyfus, Hubert L. (2016): *Die Wiedergewinnung des Realismus*. Berlin: Suhrkamp.

Trempler, Jörg (2012): *Das Atomkraftwerk als Ruine*. In: Zeitschrift für Ideengeschichte. Marbach, Weimar, Wolfenbüttel, Grunewald, 6. Jg., H. 1, S. 76-79.

Treusch-Dieter, Gerburg (1990): *Der Anfang vom Ende. Zur Geschichte der Strahlung von Platon bis Tschernobyl*. In: Sloterdijk, Peter (Hrsg.): *Vor der Jahrtausendwende. Berichte zur Lage der Zukunft*. Frankfurt am Main: Suhrkamp, S. 94-105.

Tsing, Anna Lowenhaupt (2018): *Der Pilz am Ende der Welt. Über das Leben in den Ruinen des Kapitalismus*. Berlin: Matthes & Seitz.

Tsing, Anna Lowenhaupt/Bubandt, Nils/Gan, Elaine/Swanson, Heather Anne (Hrsg.) (2017): *Arts of Living on a Damaged Planet. Ghosts and Monsters of the Anthropocene*. Minneapolis: University of Minnesota Press.

Uexküll, Gosta (1978): *Der Gott aus der Materie*. In: Merkur, 32. Jg., H. 1, S. 1-12.

Virilio, Paul (2005): *Der eigentliche Unfall*. Wien: Passagen Verlag.

Virilio, Paul (2008): *Die Universität des Desasters*. Wien: Passagen Verlag.

Yablokov, Alexey V./Nesterenko, Vassily B./Nesterenko, Alexey V. (2009): *Chernobyl. Consequences of the Catastrophe for People and the Environment*. In: Annals of the New York Academy of Sciences, Vol. 1181.

Zhukova, Ekatherina (2016): *From Ontological Security to Cultural Trauma. The Case of Chernobyl in Belarus and Ukraine*. In: Acta Sociologica, 59. Jg., H. 4, S. 332-346.

Zink, Andrea (2011): *Versuche über das Nichts. Tschernobyl in Text und Bild*. In: Osteuropa, 61. Jg., H. 7, S. 81-94.

Zink, Andrea (2018): *Die Katastrophe, der Schmerz und die Liebe. Alexijewitschs Annäherung an Tschernobyl*. In: Osteuropa, 68. Jg. H. 1-2, S. 197-210.

Appendix: Kategoriendefinition

Kategorie 1: Phänomenale Erscheinung der Radioaktivität **Zuordnung Analysebegriff**: Welt **Zuordnung Kapitel**: 4.1.1 Radioaktivität: Ein phänomenales Profil **Definition**: Rezeption von Radioaktivität durch Zuschreibung konkreter materieller Qualitäten und Eigenschaften. **Operationalisierung durch Signalwörter**: Nennung konkreter Radionuklide und der Radio-aktivität selbst, Nennung materieller Eigenschaften wie Farbe, Geruch, Leuchten, Bewegung und Toxizität. Nennung der zeitlichen Dauer der Radionuklide. **Textbeispiel**: „Ein Tier kann sie vielleicht sehen und hören, aber nicht der Mensch. Das stimmt nicht! Ich habe sie gesehen… Das Caesium hat bei mir im Garten gelegen, bis der Regen es weggeschwemmt hat. Es hatte eine Farbe wie Tinte. Es lag und glitzerte dort in Klumpen…“ (Alexijewitsch 2015: 57).
Kategorie 2: Phänomenale Veränderung von Welt **Zuordnung Analysebegriff**: Welt **Zuordnung Kapitel**: 4.1.2 Die Transformation von Welt in der radioaktiv kontaminierten Zone **Definition**: Rezeption der (objektiven) Veränderung von Welt anhand der Veränderung materieller Qualitäten. **Operationalisierung durch Signalwörter**: Nennung konkreter materieller Entitäten und Qualitäten und ihre Veränderung durch die radioaktive Kontamination

Textbeispiel:

> „Nach dem ersten, ungebremsten Regen säumten orangefarbene Ringe die Pfützen, wie man sie noch nie zuvor gesehen hatte. Die einfache Erklärung dafür lautete, das sei Blütenstaub, beispielsweise von Kastanien. Warum hatte man den früher nie bemerkt? Das Orange, die Farbe der Strahlung, war wohl kein Zufall, mit diesem Gefahrensignal warnte die Natur die Menschen. Die ganze Stadt leuchtete vor 'Blütenstaub', alle Schlaglöcher wiesen diesen Saum auf, dem man auswich, als strahlten diese Flecken tatsächlich" (Pjatrovic 2011: 104).

Kategorie 3: Welt-Bezug

Zuordnung Analysebegriff: Materielle Weltbeziehung

Zuordnung Kapitel: 4.2.1 Die Rezeption des veränderten Welt-Bezuges in den Aussagen der Zeugen

Definition: Rezeption der subjektiven Wahrnehmung und Bedeutung der strahleninduzierten materiellen Veränderungen von Welt.

Operationalisierung durch Signalwörter: Nennung von subjektiven Eindrücken und Empfindungen in Anbetracht der strahleninduzierten materiellen Veränderung von Welt

Textbeispiel:

> „Ich frage meine Leute, wir waren zu dritt: ‚Sagt mal, wie duftet der Apfelbaum?‘ ... ‚Der duftet überhaupt nicht.‘ Etwas war mit uns geschehen ... Der Flieder duftete nicht ... Der Flieder! ... Ich hatte auf einmal das Gefühl, daß alles ringsum so unwirklich ist, daß ich mitten in einer Kulisse stehe ... Und ich begreife das nicht, ich bin dazu unfähig. Ich habe auch nirgendwo darüber gelesen ..." (Alexijewitsch 2015: 144).

Kategorie 4: Selbst-Welt-Bezug

Zuordnung Analysebegriff: Materielle Weltbeziehung

Zuordnung Kapitel: 4.2.2 Die Rezeption des veränderten Selbst-Welt-Bezuges in den Aussagen der Zeugen

Definition: Rezeption der subjektiven Veränderung des eigenen Selbst-Welt-Bezuges der Betroffenen durch Negation und Infragestellung ihrer Stellung in der Welt und ihrer subjektiven Beziehungsmöglichkeiten zur Welt anhand der Nennung materieller-leiblicher Qualitäten.

Operationalisierung durch Signalwörter: Personalpronomen und subjektive Selbstbeschreibungen, Nennung von Tätigkeiten und tätige Beziehungen, Gefühle und körperliche Bedürfnisse, Verstehen/Nichtverstehen sowie von Unsicherheit und Unvermögen bzw. Hilflosigkeit.

Textbeispiel:

> „Sind es noch die alten Farben: Wir freuen uns der ersten Tage/die wieder Wärme bringen/Wir bewundern das leuchtende Grün/der frischen Blätter/Wir sind geneigt/uns rundum zufrieden zu fühlen/Und doch ist da eine Spur Misstrauen/Sind das Wärme und Farben/von denen man liest in alten Gedichten/oder nur der falsche Glanz/von schweren Metallen und Giften/Jetzt scheint uns selbst/der Schimmer in unseren Augen/nur die Spiegelung verdrängter Angst" (Böseke/Wagner 1989: 38).

Kategorie 5: Weltverlust

Zuordnung Analysebegriff: Weltkatastrophe

Zuordnung Kapitel: 4.3.1 Die Weltkatastrophe: Materialisierte Entfremdung, negative Unverfügbarkeit und der Verlust von Welt als resonanzkonstitutives Gegenüber

Definition: Rezeption von Verlustgefühlen anhand konkreter Entitäten wie z.B. Häuser oder Wälder. Rezeption dieser Verlusterfahrung als Verlust von Welt als beziehungsstiftende und beziehungsoffene Entität.

Operationalisierung durch Signalwörter: Nennung von Verlust, Verschwinden und Endgültigkeit. Nennung von damit verbundenen Gefühlen wie Trauer. Nennung des Verlorenen und seiner Bedeutung.

Textbeispiel:

> „Gebt mir den Regen wieder. Auch die Stille. Den Wald und in der Au den Fluss. Den Abendstern, den Garten voller Bäume, den Säer und das wogende Korn im Feld. Ich will alles zurück. Gebt mir die Sprache wieder, mit der mein Volk mich einst gesegnet hat" (Kostenko 1996: 117).

Kategorie 6: Sensibilität

Zuordnung Analysebegriff: *Struggle* für Resonanz

Zuordnung Kapitel: 4.3.2 *Struggle* für Resonanz: Möglichkeiten der Wiedererlangung von Resonanz in einer kontaminierten Welt

Definition: Rezeption von Sensibilität und veränderter Wahrnehmung gegenüber der Welt und ihrer Entitäten in Bezug zur Erfahrung des Weltverlustes.

Operationalisierung durch Signalwörter: Subjektive Selbstbeschreibung im Hinblick auf eine gesteigerte Sensibilität für andere Lebewesen und Welt. Nennung von Nähe, Veränderung der Wahrnehmung und einer veränderten Welthaltung.

Textbeispiel:

> „Dicht vor meinen Augen krabbelten die Ameisen über den Stamm, ohne uns zu hören, ohne uns Beachtung zu schenken… Wir würden verschwinden, und sie würden es gar nicht bemerken. Und ich? Ich hatte sie noch nie so nahe wahrgenommen…" (Alexijewitsch 2015: 161).

Zeitfracht Medien GmbH
Ferdinand-Jühlke-Straße 7
99095 Erfurt, Deutschland
produktsicherheit@kolibri360.de